독자의 1초를
아껴주는 정성을
만나보세요!

세상이 아무리 바쁘게 돌아가더라도 책까지 아무렇게나 빨리 만들 수는 없습니다.

인스턴트 식품 같은 책보다 오래 익힌 술이나 장맛이 밴 책을 만들고 싶습니다.

땀 흘리며 일하는 당신을 위해 한 권 한 권 마음을 다해 만들겠습니다.

마지막 페이지에서 만날 새로운 당신을 위해 더 나은 길을 준비하겠습니다.

파이썬 생활 프로젝트 코딩

초판 발행 · 2023년 8월 25일

지은이 · 서승희
발행인 · 이종원
발행처 · (주)도서출판 길벗
출판사 등록일 · 1990년 12월 24일
주소 · 서울시 마포구 월드컵로 10길 56(서교동)
대표 전화 · 02)332-0931 | **팩스** · 02)323-0586
홈페이지 · www.gilbut.co.kr | **이메일** · gilbut@gilbut.co.kr

기획 및 책임편집 · 김윤지(yunjikim@gilbut.co.kr) | **디자인** · 박상희 | **제작** · 이준호, 손일순, 이진혁, 김우식
마케팅 · 진창섭, 강요한, 송예슬 | **영업관리** · 김명자 | **독자지원** · 윤정아, 최희창

교정교열 · 황진주 | **전산편집** · 도설아 | **인쇄 및 제본** · 정민

ISBN 979-11-407-0600-6 93000   (길벗 도서번호 080368)

정가 18,000원

독자의 1초를 아껴주는 정성 길벗출판사
(주)도서출판 길벗 IT교육서, IT단행본, 경제경영서, 어학&실용서, 인문교양서, 자녀교육서 www.gilbut.co.kr
길벗스쿨 국어학습, 수학학습, 어린이교양, 주니어 어학학습, 학습단행본 www.gilbutschool.co.kr

14일 만에 뚝딱!

파이썬 생활 프로젝트 코딩

서승희 지음

길벗

혹시 여러분은 파이썬 기본 개념만 공부하며 print('Hello World')만 여러 번 실행하고 있지는 않나요? 열심히 공부한 반복문과 조건문이 도대체 어떤 상황에서 쓰이는 것인지 궁금한가요? 기초 코딩은 배웠는데, 정작 무엇을 만들어야 할지 모르겠나요? 만들고 싶은 프로그램을 만들면 된다고 하는데, 정작 만들고 싶은 프로그램이 없나요?

코딩 실력을 재미있게 성장시키는 지름길은 바로 다양한 프로그램을 직접 만드는 것입니다. 하나의 프로그램을 완성하기 위해서는 알고 있는 지식을 총동원하여 적용하고, 모르면 적극적으로 찾아보고, 오류가 나면 원인을 찾아서 될 때까지 고쳐야만 하니까요. 그렇게 하나의 프로그램을 온전히 완성하고 나면 나의 코딩 실력은 향상될 수밖에 없겠지요.

이 책은 파이썬 기초를 넘어 다음 단계로 향하는 독자를 위한 실용적인 책입니다.

≪파이썬 생활 프로젝트 코딩≫은 생활 속에서 다양하게 활용할 수 있는 12개의 프로젝트를 제안합니다. 난이도별로 구성된 프로젝트를 하나씩 차근히 따라가다 보면 탄탄하게 쌓은 개념을 바탕으로 멋진 프로그램을 구현할 수 있습니다. 구현한 프로그램에 창의력과 상상력을 더하여 나만의 색깔을 입혀본다면, 고민의 크기만큼 크게 성장할 것입니다.

아는 만큼 보인다는 말이 있지요? 12개의 프로젝트를 성공적으로 만들고 난 후에는 아마 지금은 보지 못하는 것을 볼 수 있는, 완전히 다른 사람이 되어 있을 것입니다. 그동안 견뎌왔던 생활 속 불편함을 코딩을 통해 주도적으로 해결하는 문제 해결사이자 개발자가 되어 있을 테니까요. 위대한 코딩 여행의 길을 떠나는 모두를 응원합니다.

나의 비타민 따송 제자들, 늘 저를 겸손하게 만드는 존경하는 동료와 선배·스승님들 그리고 평범한 저를 특별하게 만들어 주는 사랑하는 가족과 영훈에게 진심 어린 감사의 마음을 전합니다.

서승희

배재윤
초등학생

12개의 파이썬 생활 프로젝트를 하루에 2개씩 만들어 보았어요. 힘들 줄 알았는데 절대 그렇지 않았고 오히려 성취감과 희열을 느꼈어요. 모두가 이 책으로 공부하는 동안 행복한 표정을 지으면 좋겠어요.

송은유
초등학생

생활 속에서 사용할 수 있는 결과물을 만들 수 있어서 신기하고 뿌듯했어요. 파이썬을 따라 하다 보니 코딩에 대한 흥미도 커지고, 관련 직업군을 더 탐색하고 싶은 마음이 들었습니다.

황수빈
중학교 교사

조건문과 반복문부터 웹 스크랩핑까지 다루면서도 정말 쉽게 쓰인 책입니다. 재미있는 이야기 읽듯이 따라가면서 실습했더니 나만의 프로젝트 열두 개가 완성되었어요. 빨리 열세 번째 프로젝트를 시작하고 싶네요!

손현후
초등학생

처음에는 이해가 안 되는 부분이 있었는데 차근차근 읽으면서 풀어 나가니 잘 되었어요. 그동안 몰랐던 파이썬의 새로운 기능을 이번에 알게 되어서 성취감을 느꼈어요.

황주원
초등학생

이 책은 파이썬을 좋아하는 사람이라면 사랑하게 될 책입니다. 터틀로 다양한 모양도 만들고, 게임도 만들고, 랜덤 뽑기 같은 프로그램도 만들 수 있어서 재미있었어요.

윤태율
초등학생

혼자 C 언어를 공부하다가 처음으로 파이썬을 해 봤는데 정말 재밌고 유용한 내용이 많았어요. 파이썬 기초를 끝내고 이 책을 읽으면 정말 좋을 것 같아요.

★ ★ ★ ★ ★

이 책이 출간되기 전 베타테스터가 원고를 미리 살펴보고 고칠 부분은 없는지, 추가할 내용은 무엇인지 의견을 전달해 주었습니다. 참여해 준 분들께 감사합니다.

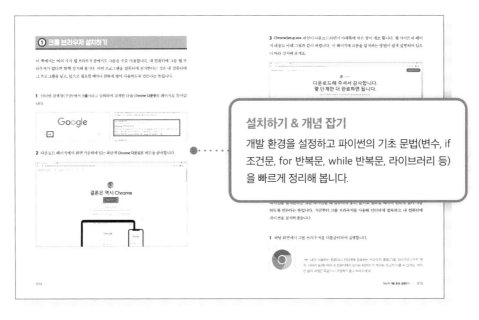

설치하기 & 개념 잡기

개발 환경을 설정하고 파이썬의 기초 문법(변수, if 조건문, for 반복문, while 반복문, 라이브러리 등)을 빠르게 정리해 봅니다.

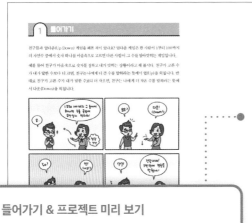

들어가기 & 프로젝트 미리 보기

이 책에서는 총 12개의 프로젝트를 만들어 봅니다. 삽화 이미지를 통해 각 장에서 만들 프로젝트에 대한 소개를 직관적으로 이해할 수 있습니다. 또한, 프로젝트 내용을 한눈에 볼 수 있도록 준비, 처리, 결과 3단계의 흐름을 요약해서 보여 줍니다.

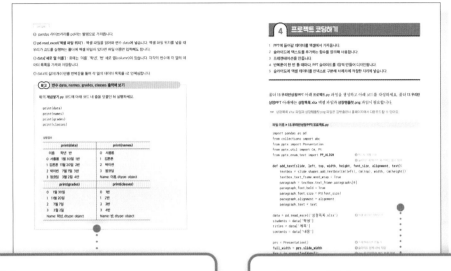

참고
추가로 알아두면 좋은 내용을 정리하였습니다. 실습하면서 꼭 읽어 보세요!

프로젝트 코딩하기
본격적으로 프로젝트를 코딩해 봅니다. 프로젝트 개요를 읽어본 후, 책의 내용을 따라 코드를 입력해 보세요. 잘 안 되는 부분은 책과 함께 제공하는 예제 코드와 비교하면서 수정해 보세요!

예제 파일 다운로드하기

책에 나오는 모든 예제 파일과 코드는 길벗출판사 홈페이지에서 다운로드할 수 있습니다.

① 길벗 홈페이지(www.gilbut.co.kr)에 접속하세요.

② 메인 화면에 있는 검색 창에 책 제목을 입력하면 해당 도서 페이지가 표시됩니다.

③ 도서 소개 페이지의 [자료실]을 클릭해 예제 파일을 다운로드하고 29쪽을 참고해서 실습을 진행하세요.

장(Day)	제목	난이도		주요 키워드
1	개발 환경 설정하기	준비	★☆☆☆☆	파이썬, 파이참(Pycharm)
2	파이썬 개념 잡기	개념	★☆☆☆☆	반복문, 조건문, 라이브러리
3	업다운 게임 만들기	기초	★☆☆☆☆	기초 문법
4	터틀 미술 작품 만들기	초급	★★☆☆☆	GUI, 터틀, 리스트
5	터틀 그림판 만들기	초급	★★☆☆☆	GUI, 터틀, 함수
6	디지털 시계 만들기	초급	★★☆☆☆	GUI, tkinter, time
7	랜덤 노래 추천기 만들기	중급	★★★☆☆	GUI, tkinter, random
8	MBTI 판별기 만들기	중급	★★★☆☆	알고리즘
9	글을 소리로 봇 만들기	중급	★★★☆☆	인공지능, gtts
10	뚝딱 수학 그래프 만들기	중급	★★★☆☆	데이터 시각화, 예외 처리
11	뇌 구조 워드 클라우드 만들기	중급	★★★☆☆	데이터 시각화
12	초간단 골든벨 PPT 만들기	중급	★★★☆☆	자동화, python-pptx
13	우리 반 상장 PPT 만들기	고급	★★★★★	자동화, pandas
14	나의 날씨 비서 만들기	고급	★★★★★	자동화, 웹스크래핑

DAY 5   터틀 그림판 만들기   ★★☆☆☆

DAY 6   디지털 시계 만들기   ★★☆☆☆

DAY 7   랜덤 노래 추천기 만들기   ★★★☆☆

1
— DAY —

개발 환경
설정하기

PYTHON PROJECT CODING

① 크롬 브라우저 설치하기

이 책에서는 여러 가지 웹 브라우저 중에서도 크롬을 주로 사용합니다. 내 컴퓨터에 크롬 웹 브라우저가 없다면 함께 설치해 봅시다. 어떤 프로그램을 컴퓨터에 설치한다는 것은 내 컴퓨터에 그 프로그램을 넣고, 앞으로 필요할 때마다 편하게 열어 사용하도록 만든다는 뜻입니다.

1 인터넷 검색창(구글)에서 **크롬**이라고 입력하여 검색한 다음 **Chrome 다운로드** 페이지로 들어갑니다.

2 다운로드 페이지에서 화면 가운데에 있는 파란색 **Chrome 다운로드** 버튼을 클릭합니다.

3 ChromeSetup.exe 파일이 다운로드되면서 아래쪽에 작은 창이 새로 뜹니다. 웹 사이트의 페이지 내용도 아래 그림과 같이 바뀝니다. 이 페이지에 크롬을 설치하는 방법이 쉽게 설명되어 있으니 따라 설치해 보세요.

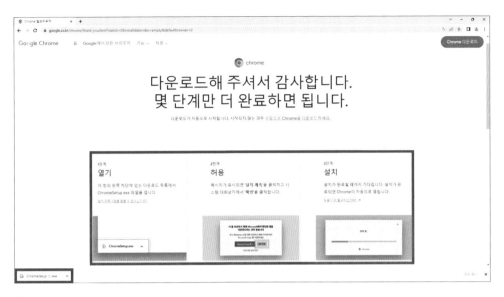

TIP 다운로드 창이 뜨는 위치는 컴퓨터마다 다를 수 있으니 참고하세요.

② 파이썬 설치하기

파이썬을 설치한다는 것은 파이썬을 내 컴퓨터에 넣고, 앞으로 필요할 때마다 편하게 열어 사용하도록 만든다는 뜻입니다. 지금부터 크롬 브라우저를 사용해 인터넷에 접속하고, 내 컴퓨터에 파이썬을 설치하겠습니다.

1 바탕 화면에서 크롬 브라우저를 더블클릭하여 실행합니다.

TIP 내가 사용하는 컴퓨터나 인터넷에 접속하는 브라우저 종류(크롬, 마이크로소프트 엣지, 사파리 등)에 따라 내 컴퓨터에서 보이는 화면이 이 책과는 조금씩 다를 수 있어요. 하지만 설치 과정은 똑같으니 걱정하지 말고 따라오세요!

2 인터넷 주소창이나 검색창에 **python.org**를 입력하세요.

3 입력한 주소로 이동하여 파이썬 홈페이지가 나옵니다. Downloads 위에 마우스를 올리면 또 다른 작은 창이 뜹니다. Python 3.11.3 을 클릭합니다.

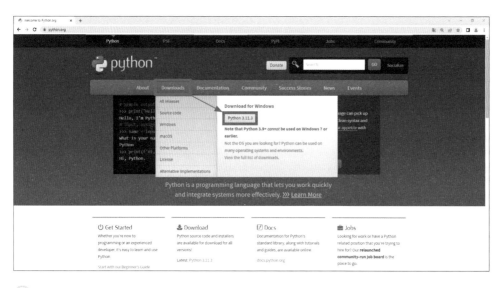

TIP Python 옆에 쓰여 있는 숫자는 파이썬의 현재 버전을 뜻합니다. 파이썬은 계속 업데이트되고 있으므로 3.11.3이 아닌 다른 숫자가 보일 수 있어요. 하지만 버전 숫자에 상관없이 화면에 보이는 Python 3.□□을 클릭하면 됩니다.

4 파이썬이 다운로드되면서 화면 아래에 작은 창이 새로 뜹니다. 파일명이 적힌 부분을 마우스로 클릭합니다.

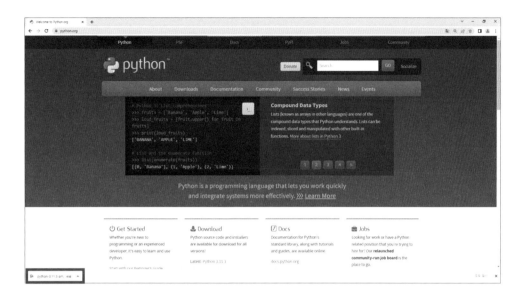

5 아래와 같이 파이썬 설치를 진행하는 창이 나오면 가장 아래에 있는 Add python.exe to PATH에 체크한 후 Install Now를 클릭합니다.

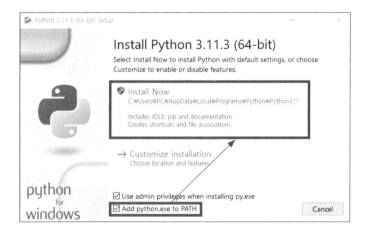

(TIP) 디바이스 변경 허용을 묻는 내용이 뜨면 '허용'을 선택하면 됩니다. 이외에도 컴퓨터마다 시스템에 따라 중간에 팝업창이 뜰 수 있습니다. 내용을 읽고 설치를 진행하세요.

6 설치가 진행된 후 성공했다는 화면이 나옵니다. ☐ Close ☐ 버튼을 클릭하면 파이썬 설치가 완료됩니다.

③ 파이참 설치하고 프로젝트 만들기

파이참(Pycharm)은 앞에서 설치한 파이썬을 쓰고, 읽고, 실행하도록 도와주는 공간을 제공합니다. 파이썬으로 코드를 작성하고, 작성한 코드를 실행하여 나오는 결과들을 보여 주는 프로그램이지요. 파이참은 파이썬을 설치할 때 함께 따라오는 **IDLE**(아이들)과 같은 역할을 하지만, 훨씬 직관적이고 다양한 기능을 제공합니다. 이 책에서는 앞으로 모든 프로젝트에서 파이참을 이용해 파이썬 코드를 작성하고 실행하겠습니다. 이 기회에 파이참과 친해지기를 적극 추천합니다!

1. 파이참 설치하기

1 구글 검색창에서 **파이참**이라고 검색하여 **Pycharm 다운로드** 페이지로 들어갑니다.

2 다운로드 페이지에서 가운데 있는 **Community 다운로드** 버튼을 클릭합니다.

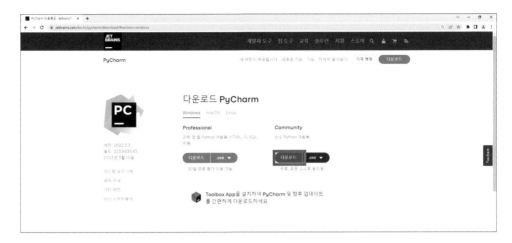

(TIP) Community(커뮤니티)는 무료 버전, Professional(프로페셔널)은 유료 버전입니다. 이 책에서는 무료 버전인 Community를 다운로드하여 사용합니다.

3 파이참이 다운로드되면서 화면 아래에 작은 창이 새로 뜹니다. **pycharm-community.exe** 파일을 클릭하여 실행하세요.

(TIP) 창이 뜨는 위치는 이 책과 다를 수 있으니 참고하세요.

4 아래와 같이 파이참 설치 화면이 나오면 Next > 버튼을 차례로 클릭합니다.

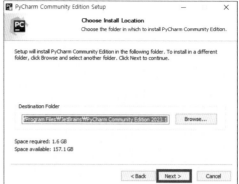

5 아래와 같이 화면이 나오면 모든 체크 박스에 체크 표시하고 Next > 버튼을 클릭합니다.

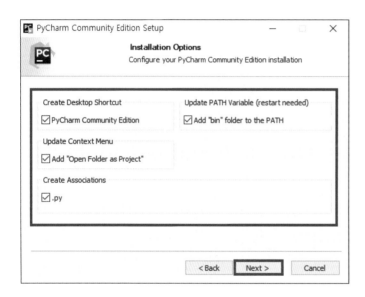

6 Install 버튼을 클릭하고 설치가 완료될 동안 잠시 기다립니다.

 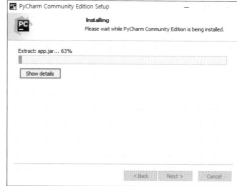

7 설치가 완료되었습니다. Reboot now를 선택한 후 Finish 버튼을 클릭하면 컴퓨터가 재시작
됩니다.

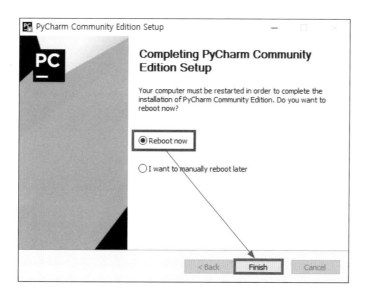

2. 새 프로젝트 만들기

1 컴퓨터가 재시작되고 나면 바탕 화면에 파이참 바로가기 아이콘이 생깁니다. 파이참 아이콘을 더블클릭하여 실행합니다. 사용권 동의를 구하는 항목에 체크한 후 [Continue] 버튼을 클릭합니다.

TIP 기존에 파이참 프로그램을 설치한 경우 Import Pycharm Settings 창이 뜹니다. 'Do not import settings' 선택 후 [OK] 버튼을 클릭하세요.

2 파이참 첫 화면이 나타납니다. 새 파이썬 프로젝트를 만들 공간을 만들어 봅시다. 화면 가운데 있는 **New Project** 버튼을 클릭합니다.

3 Location에서 프로젝트를 만들 공간의 이름을 **생활파이썬코딩**으로 바꾸어 입력합니다. Location(위치)만 바꾸면 그 밑의 **environment**가 자동으로 바뀝니다. 마지막으로 가장 아래에 있는 **Create a main.py welcome script**의 체크 표시를 해제하여 빈칸으로 만든 후 `Create` 버튼을 클릭합니다.

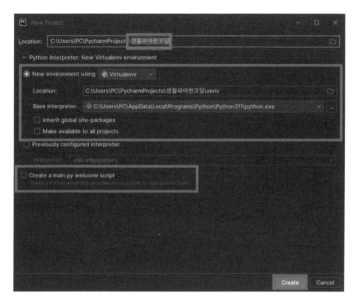

TIP environment는 앞서 설치한 파이썬을 연결하는 기능을 담당합니다.

4 파이참 화면에서 왼쪽 위, 아래와 같이 첫 프로젝트 폴더인 **생활파이썬코딩**이 생깁니다. 앞으로 책에서 따라 할 파이썬 프로젝트 코드들을 **생활파이썬코딩** 폴더에 차근차근 정리하여 넣으면 됩니다.

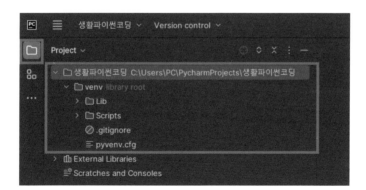

TIP 노란색으로 표시되는 venv 폴더는 한 번 클릭하면 한 줄로 접힙니다. 실습하면서 직접 venv 폴더를 건드릴 일은 없으니 클릭하여 접어 둡니다.

파이참 배경색을 흰색으로 바꾸기

파이참의 배경색은 어두운 색이 기본이지만, 필요에 따라 밝게 바꿀 수도 있습니다. 이 책에서는 화면의 글씨가 잘 보이도록 흰색 배경을 기준으로 설명하겠습니다. 파이참 배경색을 흰색으로 바꾸는 방법을 알아봅시다.

1 파이참 왼쪽 위의 ▤ 버튼을 누르고 File > Settings(설정)을 클릭합니다.

2 새로 뜨는 설정 창에서 Appearance > Theme > Light를 선택하면 화면이 흰색으로 바뀝니다. 화면 아래쪽의 OK 버튼을 클릭하면 설정이 저장됩니다(파이참 버전에 따라 IntelliJ라고 적혀 있을 수도 있습니다).

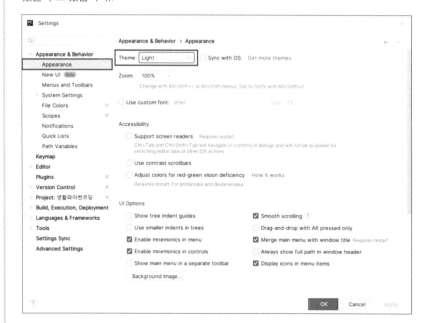

이외에도 파이참은 다양한 설정 값을 제공합니다. 테마와 UI 등 설정 값을 다양하게 바꿔 보면서 나에게 가장 잘 맞는 환경으로 설정해 보세요!

3. 파이썬 코드 실행하기

파이참에서 파이썬 코드를 작성한 후에 실행하는 방법은 '파이썬 콘솔'과 '파이썬 파일' 두 가지입니다.

① 파이썬 콘솔(Python Console)

한 줄의 파이썬 코드의 실행 결과를 바로 확인하고자 할 때 사용합니다. 파이썬 코드 한 줄을 작성한 후에 Enter 키를 누르면 바로 그 실행 결과를 보여 줍니다. 한 줄의 코드가 오류 없이 잘 실행되는지 바로 확인할 수 있어 편리합니다.

1 파이참에서 왼쪽 메뉴의 아래쪽에 있는 **Python Console 아이콘**(⊡)을 클릭합니다.

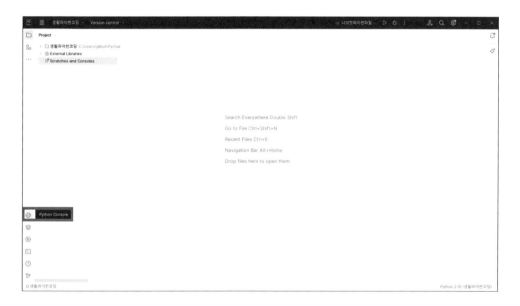

2 파이참 아래쪽으로 Python Console 창이 생깁니다. 이제부터 왼쪽 아래에 있는 ⊡ 버튼을 클릭하면 바로 파이썬 콘솔을 사용할 수 있습니다. >>> 옆에 print('hello pycharm')이라고 입력한 뒤 키보드의 Enter 키를 눌러 실행해 보세요.

3 입력한 문장 바로 밑에 hello pycharm이라고 결과가 표시됩니다. 이렇게 파이썬 콘솔에서는 한 줄의 코드를 입력하면 바로 실행 결과를 확인할 수 있습니다.

② 파이썬 파일(.py)

여러 줄의 파이썬 코드를 작성하고, 한 번에 실행하고자 할 때 사용합니다. 본격적으로 파이썬으로 프로그램을 만들 때는 많은 양의 코드를 한 번에 작성해야 합니다. 파이썬 파일에 프로그램을 이루는 시작 코드부터 마지막 코드까지 모두 빠짐없이 작성한 후 **실행** 버튼을 누르면 실행 결과를 보여 줍니다.

1 먼저 프로젝트 안에 폴더(Directory)를 만들어 봅시다. 폴더는 서로 관련 있는 파일들을 모아 정리해 놓는 공간입니다. 앞에서 만든 **생활파이썬코딩** 프로젝트에서 마우스 오른쪽 버튼을 클릭합니다. 따라 생기는 작은 창의 가장 위에 있는 New(새로 만들기)에 마우스를 올립니다. 또다시 따라 생기는 작은 창에서 Directory(폴더)를 선택합니다.

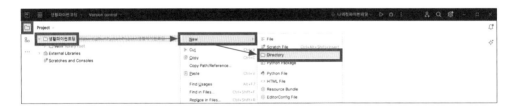

2 폴더 이름을 **연습용폴더**로 입력합니다. 이 폴더 안에는 연습을 위한 파이썬 파일들을 모아 둡니다.

3 이번에는 **연습용폴더** 안에 **파이썬 파일**을 만들어 봅시다. **연습용폴더** 폴더에서 마우스 오른쪽 버튼을 클릭합니다. 따라 나오는 작은 창의 가장 위에 있는 **New(새로 만들기)**에 마우스를 올립니다. 또다시 따라 생기는 작은 창에서 **Python file(파이썬 파일)**을 선택합니다.

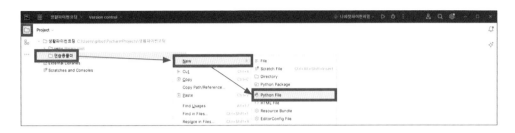

4 새로운 파이썬 파일의 이름을 **나의첫파이썬파일**로 입력합니다.

5 만들어진 **나의첫파이썬파일.py**를 확인해 보세요. 모든 파이썬 파일의 이름 뒤에는 .py가 붙습니다. 이제 아래와 같이 여러 줄의 파이썬 코드를 작성해 보세요.

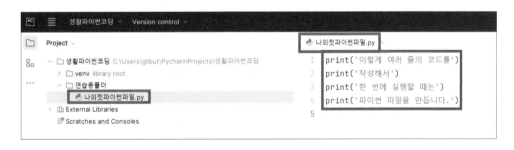

```
print('이렇게 여러 줄의 코드를')
print('작성해서')
print('한 번에 실행할 때는')
print('파이썬 파일을 만듭니다.')
```

6 작성한 코드를 **실행(Run)**해서 결과를 확인합시다. 화면 가장 위쪽에 있는 ▷ 버튼을 클릭하거나, 파이썬 파일 위에서 마우스 오른쪽 버튼을 클릭하고 Run '**나의첫파이썬파일**'을 클릭해도 됩니다.

7 파이참 아래쪽으로 Run(실행) 창이 생기면서 코드가 실행된 결과가 나오는 것을 확인할 수 있습니다.

이렇게 한 번 파이참을 설정해 두면, 앞으로 바탕 화면에서 파이참 아이콘을 더블클릭할 때마다 **생활파이썬코딩 프로젝트**로 바로 연결됩니다. 이 책에 나오는 파이썬 코드들은 모두 **생활파이썬코딩 프로젝트**에 차곡차곡 추가하겠습니다. 프로젝트를 시작할 때마다 파이썬 파일을 만드는 방법이 낯설게 느껴진다면 이번 내용을 다시 연습하세요!

참고 **이미 작성된 파이썬 코드를 파이참으로 불러오기**

이 책의 모든 코드는 길벗출판사 홈페이지(www.gilbut.co.kr에서 '도서명'으로 검색 > '자료실' 클릭)에서 다운로드할 수 있습니다. 이렇게 이미 작성된 파이썬 코드 파일을 파이참에서 불러와 여는 방법을 알아봅시다.

1 인터넷에서 다운로드한 자료들은 보통 Downloads(다운로드) 폴더에 저장됩니다. 내 컴퓨터에서 Downloads 폴더를 찾아보면 책의 프로젝트 코드 파일을 모아 놓은 폴더가 저장되어 있을 것입니다. 코드 폴더를 마우스로 드래그하여 바탕 화면의 **파이참 아이콘** 위에 올려놓으세요.

2 믿을 수 있는 폴더인지 확인하는 창이 뜹니다. **Trust Projects in~**으로 시작하는 체크 박스에 체크한 후 Trust Project 버튼을 클릭하세요.

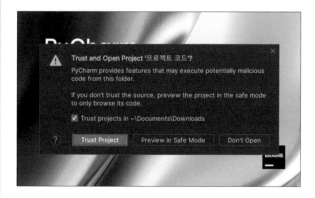

3 코드 파일 중 아무 것이나 하나를 선택하여 열어 보세요.

참고로, 사용자에 따라 코드 파일 위쪽으로 Invalid Python interpreter selected for the project 라는 경고 문구가 뜰 수 있는데, 이는 해당 코드를 실행하기 위한 파이썬을 설정하지 않아서 뜨는 문구입니다. 그럴 때는 오른쪽의 파란색 글씨 Configure Python interpreter를 클릭하면 내 컴퓨터에 설치되어 있는 Python이 보입니다. **Python 3.11**을 선택하여 파이썬 설정을 완료하면 코드 파일을 실행할 수 있습니다. 설치한 Python 버전에 따라 3.11 대신 다른 숫자가 보일 수도 있습니다.

2
— DAY —

파이썬
개념 잡기

PYTHON PROJECT CODING

① 데이터(숫자, 문자, 리스트, 딕셔너리)와 변수

데이터는 컴퓨터가 이해해서 처리할 수 있는 형태의 모든 자료를 뜻합니다. 어떤 프로그램이든지 프로그램을 만들 때는 데이터가 꼭 필요합니다. 예를 들어 계산기 프로그램에는 1, 10, 100과 같이 계산할 수 있는 **숫자 데이터**가 필요하고, 자기소개 프로그램에는 이름이나 학교와 같은 **문자 데이터**가 필요하겠지요. 그래서 데이터는 파이썬을 이용해 프로그램을 만들 때 꼭 필요한 기본 재료입니다.

데이터는 생김새와 역할에 따라 여러 종류로 분류할 수 있습니다. 우리가 이번에 살펴볼 데이터 종류는 **숫자, 문자, 리스트, 딕셔너리** 총 4가지입니다.

1. 숫자

숫자 데이터는 7, 909, 8011000, 8.709, -532와 같이 수를 나타내는 데이터입니다. 숫자 데이터는 크게 **정수**와 **실수**로 나뉩니다. 정수와 실수를 나누는 가장 큰 기준은 **소수점**입니다.

숫자	정수(int)	0　100　12　-99　7　100000　1　-500
	실수(float)	0.1　9.09　1.0　-7.15　12.12　100.0　-99.999

0이나 자연수처럼 **소수점이 없는 수**는 **정수**입니다. 반대로 **소수점이 있는 수**는 **실수**입니다. 파이썬에서 정수는 **int**라고 합니다. int는 정수를 뜻하는 integer의 줄인 말로 '인트'라고 읽습니다. 파이썬에서 실수는 **float**라고 합니다. float는 소수점을 뜻하는 floating-point의 줄인 말로, '플로트'라고 읽습니다. 앞으로 정수는 int와 같고, 실수는 float와 같다고 생각하면 됩니다.

우리가 수학 시간에 다양한 수를 가지고 연산을 하는 것처럼, 파이썬에서도 숫자 데이터를 이용해 연산을 할 수 있습니다. 파이참에서 왼쪽 아래에 있는 🔄 버튼을 클릭하여 콘솔(console) 창을 켜고 수를 연산하는 코드를 실행해 봅시다(25쪽 참고).

```
>>> 3+6+9        ❶ 더하기( + )
>>> 7-5-3        ❷ 빼기( - )
>>> 2*3          ❸ 곱하기( * )
>>> 2**3         ❹ 거듭제곱( ** )
>>> 10/5         ❺ 나누기( / )
```

```
>>> 8//5                    ⑥ 몫( // )
>>> 8%5                     ⑦ 나머지( % )
```

실행결과
```
18
-1
6
8
2.0
1
3
```

2. 문자

문자 데이터는 사람이나 사물의 이름과 같이 알파벳, 한글, 기호 등의 문자로 이루어진 데이터입니다. 023309813 같은 전화번호처럼 숫자로만 이루어져 있더라도 수의 크기를 나타내지 않는다면 보통 문자 데이터로 처리합니다. 파이참에서 콘솔(console) 창을 켜고 아래와 같이 입력하세요.

```
>>> print("안녕")
>>> print('안녕')
>>> print(안녕)
```

실행결과
```
안녕
안녕
NameError: name '안녕' is not defined
```

파이썬은 **큰따옴표**(" ") 혹은 **작은따옴표**(' ')로 감싼 데이터만 문자로 인식합니다. 그래서 큰따옴표나 작은따옴표로 감싸지 않은 **안녕**은 실행했을 때 오류가 발생합니다. 파이썬은 따옴표를 씌우지 않은 문자는 문자 데이터가 아니라, 변수의 이름이라고 생각합니다(변수는 34쪽에서 자세히 배웁니다). 위의 경우 약속한 변수가 없으니 변수의 이름이 없다는 NameError(이름 오류)가 발생하는 것이지요. 큰따옴표와 작은따옴표 둘 중 어떤 것을 사용해도 상관없습니다. 문자 데이터에 익숙해지기 위해서 파이참 콘솔(console)에서 다음 코드를 실행하세요.

```
>>> print('파이썬')
>>> print('이것은 문자 데이터입니다.')
>>> print('문자'+'데이터')                    ❶ +를 사용해 여러 문자 연결
>>> print('파이썬'+'최고'+'!')                 ❷ 3개 이상의 문자 연결
>>> print('파이썬'*5)                          ❸ *와 숫자를 사용해 문자 반복
>>> print('100'*5)                             ❹ 문자 '100'을 5번 반복
>>> print(100*5)                               ❺ 숫자 100에 5를 곱하기(❹번과 결과 비교하기)
```

실행결과
```
파이썬
이것은 문자 데이터입니다.
문자데이터
파이썬최고!
파이썬파이썬파이썬파이썬파이썬
100100100100100
500
```

3. 변수

프로그램을 만들 때는 자주 쓰거나 중요한 데이터를 보관해 놓고 필요할 때마다 꺼내 쓸 수 있는 공간이 필요합니다. 이렇게 데이터를 저장하는 공간을 **변수**라고 합니다.

변수 이름 = 데이터

=의 왼쪽에는 변수의 이름을 정해서 쓰고, 오른쪽에는 보관할 데이터를 씁니다. =는 변수에 데이터를 넣어 저장하라는 의미입니다. 수학에서 쓰이는 '같다'와 의미가 다릅니다. 다음 코드를 직접 실행하며 변수를 사용하는 법을 익히세요.

```
>>> name = '롱롱'                         ❶ 변수 name에 '롱롱'이라는 데이터 저장
>>> print(name)                          ❷ 변수 name에 담긴 데이터 출력 → 롱롱
>>> print(name + '님, 안녕하세요?')        ❸ 변수 name에 담긴 데이터에 다른 문자 이어 붙이기
>>> name = 100000                        ❹ 변수 name에 다른 데이터 저장
>>> print(name)                          ❺ 변수 name에 담긴 데이터 출력 → 100000
```

실행결과
```
롱롱
롱롱님, 안녕하세요?
100000
```

변수에 저장된 데이터 값은 언제든지 바뀔 수 있습니다. 변수의 '변'은 '변한다'는 뜻입니다. 처음에 변수 name에 룽룽을 저장했지만, 그다음에 100000을 저장하면 name에 저장된 데이터는 100000으로 변합니다.

변수에는 어떤 종류의 데이터도 저장할 수 있습니다. 한 데이터는 보통 해당 프로그램 내에서 여러 번 사용되기 때문에, 변수에 저장하고 필요할 때마다 변수 이름을 불러 사용해야 합니다. 그리고 변수 이름은 저장된 데이터가 무엇인지 추측하기 쉬운 것으로 정하는 것이 좋습니다.

4. 리스트

리스트 데이터는 여러 데이터를 한 번에 모아서 관리하기 위한 데이터입니다. 여러 개의 데이터를 대괄호[ ] 안에 한 번에 모으고 쉼표(,)로 구분해 사용합니다. 리스트에는 숫자, 문자, 리스트 데이터가 모두 들어갈 수 있고, 똑같은 데이터가 여러 개 들어갈 수도 있습니다.

```
>>> a = [1, 3, 5, 7, 9, 11]          ❶ 변수 a에 리스트 저장하기
>>> b = ['문자 데이터', 100, 777, ['리스트도', '들어갑니다', '!', 123]]
                                      ❷ 변수 b에 리스트 저장하기
>>> print(a, b)
```

실행결과
```
[1, 3, 5, 7, 9, 11] ['문자 데이터', 100, 777, ['리스트도', '들어갑니다', '!', 123]]
```

① 인덱스와 인덱싱

책을 볼 때 중요한 단어나 내용의 위치를 일정한 순서에 따라 정리한 차례 목록을 영어로 **인덱스**라고 합니다. 마찬가지로 리스트 안에 있는 각 데이터도 자신의 위치를 나타내는 숫자인 인덱스를 가지고 있습니다. 컴퓨터는 0부터 수를 세기 때문에, 파이썬에서 인덱스는 0부터 시작합니다. 그래서 리스트의 인덱스는 제일 앞에 있는 데이터부터 0, 1, 2, 3 ⋯ 이렇게 순서대로 붙입니다.

0　　　　1　　　　2

students = ['김이썬', '장코딩', '박변수']

-3　　　　-2　　　　-1

맨 앞에서부터 시작하는 양수 인덱스 외에도, 맨 뒤에서부터 시작하는 음수 인덱스를 사용할 수

도 있습니다. 리스트 안의 마지막 데이터는 인덱스가 무조건 -1이기 때문에, 맨 뒤에서부터 -1, -2, -3 … 이렇게 순서대로 작아지는 음수를 인덱스로 사용하기도 합니다. 양수 인덱스를 쓰나 음수 인덱스를 쓰나 실행 결과는 똑같답니다.

리스트[인덱스]

이런 인덱스를 이용해 리스트 안의 데이터를 찾아 불러오는 것을 **인덱싱**이라고 부릅니다. 인덱싱을 사용하면 필요할 때마다 리스트 안의 데이터를 자유자재로 불러 사용할 수 있어 매우 유용합니다. 아래 코드를 실행히며 리스트 students를 직접 인넥싱해 보세요.

```
>>> students = ['김이썬', '장코딩', '박변수']      ❶ 변수 students에 리스트 저장
>>> print(students[0])                          ❷ 리스트 students에서 인덱스 0을 인덱싱
>>> print(students[1])                          ❸ 리스트 students에서 인덱스 1을 인덱싱
>>> print(students[-1])                         ❹ 리스트 students에서 인덱스 -1(마지막)을 인덱싱
```

실행결과
```
김이썬
장코딩
박변수
```

② 데이터 추가, 수정, 삭제

아래 코드를 차근차근 실행하며 리스트에 데이터를 추가, 수정, 삭제하는 방법을 알아봅시다.

```
>>> numbers = [1, 2, 3, 4, 5]       ❶ 변수 numbers 리스트 저장
>>> numbers.append(6)               ❷ 리스트 numbers에 데이터 6 추가
>>> print(numbers)
>>> numbers[3] = 777                ❸ 리스트 numbers의 인덱스 3인 데이터를 777로 바꾸기
>>> print(numbers)
>>> del numbers[0]                  ❹ 리스트 numbers의 인덱스 0인 데이터를 삭제
>>> print(numbers)
```

실행결과
```
[1, 2, 3, 4, 5, 6]
[1, 2, 3, 777, 5, 6]
[2, 3, 777, 5, 6]
```

❷ **추가하기**: 리스트 뒤에 .append( )를 붙이고 ( ) 안에 추가할 데이터를 넣으면 됩니다. append는 '덧붙이다'라는 뜻으로, 추가한 데이터는 리스트의 가장 끝에 덧붙습니다.

❸ **수정하기**: 수정하고자 하는 인덱스로 **인덱싱**한 후 수정할 값을 = 뒤에 넣습니다.

❹ **삭제하기**: 제일 앞에 **del**을 쓰고 한 칸을 띄운 뒤에 제거하고 싶은 데이터를 인덱싱합니다.

5. 딕셔너리

'사전'이라는 뜻의 딕셔너리(Dictionary)는 리스트처럼 여러 데이터를 한 번에 모아 저장하는 데이터입니다. 사전에서 단어와 의미가 한 쌍을 이루며 항상 함께 있는 것처럼, 딕셔너리에서도 **키(key)**와 **값(value)**이 짝꿍처럼 한 쌍을 이룹니다.

키1(key1) 값1(value2) 키2(key1) 값2(value2)
students = {'1번':'김이썬', '2번':'장코딩'}

딕셔너리를 만들 때는 중괄호 { } 안에 키와 값을 콜론 기호인 : 로 짝지어서 {키 : 값} 형식으로 넣습니다. 여러 쌍의 키와 값을 넣을 때는 쉼표(,)로 구분합니다. 데이터를 여러 쌍의 키 : 값 모양으로 저장하고 '키'를 이용해 필요한 '값'을 꺼내 쓰는 것이 딕셔너리의 특징입니다. 코드로 직접 딕셔너리를 사용해 봅시다.

```
>>> students = {'1번': '김이썬', '2번': '장코딩'}        ❶ 변수 students에 딕셔너리 저장

>>> print(students['1번'])            ❷ 딕셔너리 students에서 '1번' 키를 이용해 값 꺼냄

>>> students['3번'] = '박변수'         ❸ 딕셔너리 students에 '3번' 키로 '박변수' 값을 추가
>>> print(students)

>>> students['2번'] = '수정함'         ❹ 딕셔너리 students '2번' 키의 값을 '수정함'으로 바꿈
>>> print(students)

>>> del students['2번']               ❺ 딕셔너리 students의 '2번' 키와 값을 삭제
>>> print(students)
```

김이썬
{'1번': '김이썬', '2번': '장코딩', **'3번'**: **'박변수'**}
{'1번': '김이썬', '2번': **'수정함'**, '3번': '박변수'}
{'1번': '김이썬', '3번': '박변수'}

❷ **값 꺼내기**: 딕셔너리 뒤에 있는 [ ] 안에 키를 넣으면 키와 한 쌍을 이루는 값을 꺼내올 수 있습니다.

❸ **추가하기**: 딕셔너리 뒤에 있는 [ ] 안에 키를 넣고 등호(=)로 짝꿍인 값을 저장합니다. 추가된 데이터는 딕셔너리의 가장 끝에 붙습니다.

❹ **수정하기**: 딕셔너리의 키는 하나만 존재해야 합니다. 딕셔너리에 이미 존재하는 키로 값을 또 추가한다면 그 키의 짝꿍 값은 가장 최근에 추가한 값으로 바뀝니다. 이미 존재하는 키의 짝꿍 값을 수정해야 할 때는 이렇게 다시 추가하면 됩니다.

❺ **삭제하기**: 제일 앞에 **del**을 쓰고 한 칸을 띄운 뒤에 딕셔너리 뒤에 있는 [ ] 안에 삭제할 **키**를 넣습니다.

② if 조건문 이해하기

1. if - else

조건문은 주어진 조건이 참(True)인지 거짓(False)인지에 따라 다른 코드를 선택하여 실행하도록 도와줍니다. 예를 들어 어떤 수 number가 짝수가 맞는지 출력하는 프로그램을 만든다고 상상해 보세요. 이 프로그램은 **어떤 수 number는 짝수인가?**라는 조건이 참인지 혹은 거짓인지 판단해야겠죠? 평소에 짝수와 홀수를 구분할 때 어떻게 하나요? 2로 나누어서 나머지가 0인 경우는 짝수, 1인 경우는 홀수로 판단합니다. 코드로도 이 부분을 구현하면 됩니다.

```
if 조건:
```
| 들여쓰기 (Tab 1번) | 조건이 참일 때만 실행 |

```
else:
```
| 들여쓰기 (Tab 1번) | 모든 조건 거짓일 때만 실행 |

이제부터는 코드가 길어집니다. 파이썬 콘솔에서 한 줄씩 실행하지 않고, 새 파일을 만들어서 코드를 작성합니다. **생활파이썬코딩** 폴더 아래에 **2.개념**이라는 폴더를 만들고, 그 안에 **if조건문1.py** 파일을 만든 다음 아래 코드를 작성하세요.

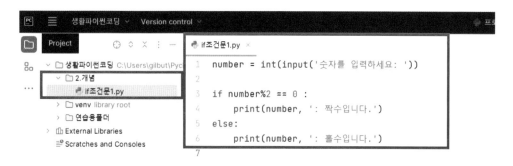

(TIP) 파이참에서 새 파일 만드는 방법은 26쪽을 참고하세요.

파일 이름 ▶ 2.개념/if조건문1.py

```python
number = int(input('숫자를 입력하세요: '))           ──────── ❶ 변수 number에 입력값을 정수로 저장

if number%2 == 0 :                              ──────── ❷ 만약 number를 2로 나눈 나머지가 0이라면
    print(number, ': 짝수입니다.')               ──────── ❸ 조건 numer%2 == 0이 참일 때만 실행되는 코드
else:                                          ──────── ❹ 그렇지 않다면
    print(number, ': 홀수입니다.')               ──────── ❺ 조건 numer%2 == 0이 거짓일 때만 실행되는 코드
```

실행결과

숫자를 입력하세요: **777** ──────── 사용자가 입력하는 부분입니다.
777 : 홀수입니다.

┌─────────┐
│ 코드설명 │
└─────────┘

❶ input()을 이용하면 다른 사람으로부터 문자 데이터를 입력받을 수 있습니다. input()의 ( ) 안에는 대답을 얻고자 하는 질문을 써넣을 수 있습니다. input()으로 받은 데이터는 무조건 문자 데이터이므로 int()로 감싸 정수형 숫자 데이터로 바꿔 줍니다.

❷ if는 '만약 ~라면'이라는 뜻으로, 항상 조건과 함께 등장하여 if 조건문이라고 부릅니다. 뒤에 따라 나오는 조건 number%2 == 0은 'number를 2로 나눈 나머지가 0과 같은지'라는 뜻입니다. 조건에서 '두 값이 서로 같은지'를 확인할 때는 == 연산자를 씁니다.

❸ if 블록이라고 부릅니다. if 옆에 따라온 조건이 참일 때만 실행됩니다. 여러 줄이 올 수 있으며, 들여쓰기에 유의해야 합니다.

❹ else는 '그렇지 않다면'이라는 뜻으로, 조건이 거짓일 때 실행하는 코드를 데리고 다닙니다.

❺ else 블록이라고 부릅니다. 모든 조건이 거짓일 때만 실행됩니다. 여러 줄이 올 수 있으며, 들여쓰기에 유의해야 합니다.

조건문을 정확히 사용하기 위해서는 조건을 어떻게 만드는지 알아야 합니다. 조건의 결과는 항상 참(True) 또는 거짓(False)입니다. 조건을 만드는 방법을 확인해 봅시다.

조건	뜻	조건	뜻
a == b	a와 b가 같은가?	a != b	a와 b가 같지 않은가?
a > b	a가 b보다 큰가?	a < b	a가 b보다 작은가?
a >= b	a가 b보다 크거나 같은가?	a <= b	a가 b보다 작거나 같은가?

2. if - elif - else

만약 판단할 조건이 1개가 아니라 여러 개면 어떻게 할까요? 예를 들어 학생들의 시험 성적을 A, B, C, D로 분류하는 프로그램을 만든다고 상상해 보세요. 이 프로그램에서는 성적을 총 몇 가지로 분류하고 있나요? 그렇다면 몇 개의 조건이 필요할지 고민해 보세요. 적어도 3개 이상의 조건이 필요해 보입니다. 이렇게 조건이 많이 나올 때는 어떻게 코드를 작성할 수 있을까요?

```
if 조건①:
```
   들여쓰기 (Tab 1번) | 조건①이 참일 때만 실행

```
elif 조건②:
```
   들여쓰기 (Tab 1번) | 조건②가 참일 때만 실행

```
elif 조건③:
```
   들여쓰기 (Tab 1번) | 조건③이 참일 때만 실행

```
else:
```
   들여쓰기 (Tab 1번) | 모든 조건이 거짓일 때 실행

폴더 2.개념 안에 if조건문2.py 파일을 생성한 후 다음 코드를 작성해 보세요.

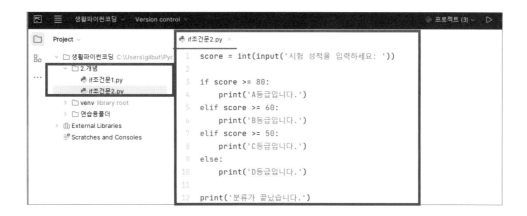

파일 이름 ▶ 2.개념/if조건문2.py

```
score = int(input('시험 성적을 입력하세요: '))      ❶ 변수 score에 입력값을 정수로 저장

if score >= 80:                          ❷ 만약 score가 80 이상이라면
    print('A등급입니다.')                 ❸ 조건 score >= 80이 참일 때 실행되는 코드
elif score >= 60:                        ❹ 만약 score가 60 이상 80 미만이라면
    print('B등급입니다.')                 ❺ 조건 80 > score >= 60이 참일 때 실행되는 코드
elif score >= 50:                        ❻ 만약 score가 50 이상 60 미만이라면
    print('C등급입니다.')                 ❼ 조건 60 > score >= 50이 참일 때 실행되는 코드
else:                                    ❽ 그렇지 않다면
    print('D등급입니다.')                 ❾ 모든 조건이 거짓일 때 실행되는 코드

print('분류가 끝났습니다.')               ❿ 조건문이 끝나고 무조건 실행되는 코드
```

실행결과

시험 성적을 입력하세요: **66**
B등급입니다.
분류가 끝났습니다.

코드설명

❹ elif는 '그렇지 않고, 만약 ~라면'이라는 뜻으로 else if의 줄임말입니다. 위에 먼저 나온 조건들이 거짓일 때 새로운 조건을 제시할 수 있습니다. 여기서 조건 score >= 60은 60 이상뿐만 아니라 80 미만도 포함되어 있습니다. 코드의 흐름은 위에서부터 조건을 판단하며 내려오는데, ❷에서 이미 조건 score >= 80은 거짓으로 판단되었기에 ❹의 조건을 확인하는 것입니다.

❺ elif 블록이라고 부릅니다. elif 옆에 따라온 조건이 참일 때만 실행됩니다. 여러 줄이 올 수 있으며, 들여쓰기에 유의해야 합니다.

⑥ 조건이 많아지면 elif의 수를 조건의 수에 맞게 늘리면 됩니다.

⑩ 모든 조건을 판단하여 알맞은 블록(if 블록, elif 블록, else 블록 중 1개)을 실행하고 나면, 다시 본래 코드 흐름에 따라 들여쓰기 되지 않는 코드들이 차례로 실행됩니다.

③ for 반복문 이해하기

반복문은 같거나 비슷한 코드를 여러 번 반복하여 실행할 때 사용합니다. 반복문을 잘 사용하면 적은 양의 코드로도 많은 일을 할 수 있습니다. 예를 들어 숫자 1부터 10까지 차례로 출력하는 프로그램을 만든다고 상상해 보세요. 만약 반복문이 없었다면, 우리는 print(1)부터 print(10) 까지 총 10줄의 코드를 작성해야겠죠? 반복의 천재, for 반복문의 도움을 받아 이 프로그램을 2 줄의 코드로 작성해 봅시다.

for 변수 in 리스트:

들여쓰기 (Tab 1번)　　**반복할 코드 블록**

폴더 **2.개념** 안에 **for반복문1.py** 파일을 생성한 후 아래 코드를 작성하세요.

파일 이름 ▶ **2.개념/for반복문1.py**

```
for i in [1, 2, 3, 4, 5, 6, 7, 8, 9, 10]:        ❶ 리스트 [1, 2, …, 9, 10]의 데이터를 반복
    print(i)                                      ❷ 반복할 코드 블록
```

실행결과
```
1
2
...
10
```

코드설명

❶ for는 영어로 '~하는 동안에'라는 뜻으로, 항상 '~안에'를 뜻하는 in과 함께 등장합니다. 리스트 안에(in) 있는 데이터들을 꺼내 변수에 넣고, 반복할 코드 블록 안의 코드를 리스트의 길이(리스트가 가진 데이터의 개수)만큼 계속 반복합니다.

❷ 코드 블록이라고 부릅니다. 반복 횟수(리스트 길이)만큼 반복됩니다. 여러 줄이 올 수 있으며, 들여쓰기에 유의해야 합니다. for 반복문 코드가 실행되면, ①리스트에서 숫자 하나를 꺼내 변수 i에 저장한 후, ②코드 블록을 모두 실행합니다. 다시 ①리스트에서 다음 숫자 하나를 꺼내 변수 i에 저장하고 ②코드 블록을 모두 실행합니다. 이렇게 ①, ②를 반복하며 리스트의 데이터를 다 꺼내서 쓰면 반복은 종료됩니다. 그렇다면 코드 블록은 리스트의 데이터 개수만큼, 즉 아래와 같이 총 10번 반복하여 실행되겠죠?

i = 1	i = 2	i = 3	i = 4	…	i = 9	i = 10
print(i)←1	print(i)←2	print(i)←3	print(i)←4	…	print(i)←9	print(i)←10

그럼 이번에는 숫자 1부터 1000까지를 차례로 출력하는 프로그램을 만든다고 상상해 보세요. for 반복문에서 쓸 리스트 안에 1부터 1000까지의 숫자를 넣어야 할까요? 이럴 때 우리를 도와주는 range( )에 대해 알아봅시다.

for 변수 in range(반복횟수):
들여쓰기 (Tab 1번)　　반복할 코드 블록

폴더 2.개념 안에 for반복문2.py 파일을 생성한 후 아래 코드를 작성하세요.

파일 이름 ▶ 2.개념/for반복문2.py

```
for i in range(1, 1001):          ❶ 1부터 1000까지의 숫자를 반복
    print(i)                      ❷ 반복할 코드 블록
```

실행결과
```
1
2
...
1000
```

코드설명

❶ range는 '범위'라는 뜻으로, 지정한 범위에 따라 연속된 숫자들로 이루어진 데이터를 만들어 줍니다. range( )의 ( ) 안에 숫자 n을 넣으면, 0부터 시작해 n-1까지의 연속된 숫자 n개로 이루어진 데이터를 만들어 줍니다. 컴퓨터는 0부터 수를 세는 것을 좋아하기 때문에, 항상 1이 아닌 0부터 수를 시작한답니다. range( )의 ( ) 안에 2개의 숫자를 넣을 수도 있습니다. ( ) 안에 숫자 a, b를 넣으면, a부터 시작하여 b-1까지 연속된 숫자들로 이루어진 데이터를 만듭니다. 아래 표를 확인해 보세요.

range(□)	range(□, □)
- range(3) → 0, 1, 2	- range(3, 7) → 3, 4, 5, 6
- range(100) → 0, 1, 2, 3, ⋯ 98, 99	- range(20, 50) → 20, 21, 22, ⋯ 48, 49
- range(n) → 0, 1, 2, 3, ⋯ n-2, n-1	- range(a, b) → a, a+1, ⋯ b-2, b-1

❷ range(1, 1001)에 들어 있는 숫자가 차례로 변수 i로 들어오니, 1에서 시작하여 1001에서 1을 뺀 1000 까지의 숫자가 결과로 출력됩니다.

④ while 반복문 이해하기

while은 조건에 따라 반복문을 쓸 수 있게 도와줍니다. while은 '~하는 동안에'라는 뜻으로, 항상 조건과 함께 아래와 같은 생김새로 등장합니다.

while 조건:

들여쓰기
(Tab 1번)   조건이 True일 때 실행할 코드 블록

우리가 앞에서 배운 for 반복문은 리스트의 길이나 range( )의 범위와 같이 정해진 횟수만큼 코드 블록을 반복했습니다. 그런데 while 반복문은 조건의 결과를 판단하여 조건이 True인 동안에는 코드 블록의 코드를 반복하다가, 조건이 False가 되면 반복을 종료합니다.

예를 들어 정답을 맞힐 때까지 반복되는 퀴즈 프로그램을 만든다고 상상해 보세요. 이 프로그램에서는 '사용자의 답과 퀴즈의 정답이 같은가?'라는 **조건**을 판단하고, 사용자의 답과 퀴즈의 정답이 같지 않다면(틀렸다면) 정답을 맞힐 때까지 다시 퀴즈를 물어보고 답변받도록 **반복**해야 합니다.

폴더 2.개념 안에 while반복문.py 파일을 생성한 후 아래 코드를 작성하세요.

파일 이름 ▶ 2.개념/while반복문.py

```
answer = input('왕이 넘어지면? ')          ❶ 사용자에게 답변 입력받기

while answer != '킹콩' :                   ❷ answer이 '킹콩'과 같지 않다면 반복
    print('정답이 아닙니다.')              ❸ 조건 answer != '킹콩'이 참일 때 실행되는 코드
    answer = input('왕이 넘어지면? ')      ❸ 조건 answer != '킹콩'이 참일 때 실행되는 코드

print('정답입니다!')                       ❹ while 반복문이 끝나고 무조건 실행되는 코드
```

왕이 넘어지면? **왕쿵**
정답이 아닙니다.
왕이 넘어지면? **왕아야**
정답이 아닙니다.
왕이 넘어지면? **킹콩**
정답입니다!

코드설명

❶ input()을 이용하면 다른 사람으로부터 문자 데이터를 입력받을 수 있습니다.

❷ answer != '킹콩'이라는 조건이 참인 동안은 코드 블록이 계속 반복됩니다. 만약 answer == '킹콩'이 되어 조건이 거짓이 되면, while 반복문은 종료됩니다.

❸ 조건 answer != '킹콩'이 참일 때 실행되는 코드 블록입니다. 조건이 거짓이 되면 절대 실행되지 않습니다.

❹ while 반복문이 종료되고 나면, 다시 본래 코드 흐름에 따라 들여쓰기 되지 않는 코드들이 차례로 실행됩니다.

⑤ 라이브러리 이해하기

'도서관'이라는 뜻의 라이브러리는 파이썬 고수들이 미리 만들어놓은 강력한 도구입니다. 라이브러리를 이용하면 다른 사람들이 이미 만들어 놓은 멋진 기능을 내 것처럼 사용할 수 있습니다.

모든 라이브러리는 특별한 목적과 관련된 데이터와 기능을 포함하고 있습니다. **①라이브러리 불러오기**와 **②라이브러리 사용하기** 이 두 가지의 간단한 규칙만 익히면 라이브러리의 데이터와 기능을 자유롭게 사용하며 강력한 코드를 만들 수 있답니다.

'시간'이라는 뜻을 가진 **time 라이브러리**를 예로 들어 라이브러리를 어떻게 쓰는지 확인해 봅시다.

1. 라이브러리 불러오기

어떤 라이브러리를 가져와 쓰고 싶을 때는 항상 '가져오다'라는 뜻의 **import**를 써야 합니다.

import 라이브러리	import time
import 뒤에 라이브러리 이름 쓰기	time 라이브러리를 불러오기

alias(별명)를 줄인 말인 as를 사용하면 라이브러리에 내가 원하는 별명을 붙여서 사용할 수도 있습니다. 이름이 긴 라이브러리를 불러올 때는 짧은 별명을 지어 사용하곤 합니다.

import 라이브러리 as 별명	import time as t
as 뒤에 원하는 별명 쓰기	time 라이브러리를 t라는 별명으로 불러오기

2. 라이브러리 사용하기

하나의 라이브러리 안에는 다양한 데이터와 기능이 들어 있습니다. 라이브러리를 사용한다는 것은 이 데이터나 기능을 사용하는 것을 뜻합니다. 라이브러리 이름이나 별명 뒤에 **마침표(.)**를 찍고 사용할 데이터나 기능을 적으면 됩니다.

라이브러리_이름.기능	`import time` `time.sleep(3)`
라이브러리_별명.기능	`import time as t` 별명으로 불러왔을 때 `t.sleep(3)`

폴더 **2.개념** 안에 **라이브러리.py** 파일을 생성한 후 아래 코드를 작성하세요.

파일 이름 ▶ **2.개념/라이브러리.py**

```
import time                    ❶ time 라이브러리를 불러오기

print(time.ctime())            ❷ 현재 시각 출력하기
time.sleep(10)                 ❸ 10초 기다리기
print(time.ctime())            ❹ 현재 시각 출력하기
```

실행결과
```
Wed Apr 26 14:54:04 2023
Wed Apr 26 14:54:14 2023
```

❶ time 라이브러리를 불러옵니다.

❷ 현재 시각을 구하는 코드입니다.

❸ ( ) 안에 넣은 초만큼 정지(sleep)하는 코드입니다. 너무 빨리 실행되는 프로그램의 시간을 조절할 때 유용하게 사용할 수 있습니다.

❹ ❷에서 현재 시각을 출력하고, ❸에서 10초를 기다린 뒤 다시 현재 시각을 출력했으므로 ❷의 출력 시각과 10초 차이가 납니다.

이제부터는 본격적으로 프로젝트를 만들면서 배운 내용을 복습하고 응용해 봅시다.

3
— DAY —

업다운 게임
만들기

PYTHON PROJECT CODING

친구들과 업다운(Up Down) 게임을 해본 적이 있나요? 업다운 게임은 한 사람이 1부터 100까지의 자연수 중에서 숫자 하나를 마음속으로 고르면 다른 사람이 그 수를 알아맞히는 게임입니다.

예를 들어 친구가 마음속으로 숫자를 정하고 내가 맞히는 상황이라고 해 봅시다. 친구가 고른 수가 내가 말한 수보다 더 크면, 친구는 나에게 더 큰 수를 말하라는 뜻에서 업(Up)을 외칩니다. 반대로 친구가 고른 수가 내가 말한 수보다 더 작으면, 친구는 나에게 더 작은 수를 말하라는 뜻에서 다운(Down)을 외칩니다.

무한 반복문과 조건문을 이용하면 간단한 코드만으로도 나만의 업다운 게임 프로그램을 만들 수 있습니다. **무한 반복문**은 끝없이 계속 반복되는 반복문을 부르는 말로, 게임과 같은 프로그램에서는 무한 반복문을 사용해 종료 버튼을 누르기 전까지 같은 코드를 끝없이 반복합니다.

이번 프로젝트에서는 우리도 무한 반복문을 이용해 업다운 게임을 직접 만들어 봅시다.

프로젝트 미리 보기

▷ **무한 반복문을 이용해 업다운 게임을 만들어 보자!**

1

준비

- 라이브러리 random
- 1부터 100까지의 수 중에서 무작위로 뽑은 수 1개
- 정답을 맞힐 때까지의 도전 횟수 데이터를 저장할 변수 count

```python
number = random.randint(1, 100)
count = 0
```

2

처리

- 1부터 100까지 수 중에서 무작위로 수 1개를 뽑아 변수 number에 저장합니다.
- 무한 반복문을 돌리며 사용자에게 수를 입력받습니다.
- 입력받은 수와 number에 저장된 수를 비교하여 적절한 응답을 출력합니다.
- 정답을 맞히면 무한 반복문을 종료합니다.

```python
while True:
    answer = int(input('내가 고른 숫자를 맞혀 봐!'))
    count += 1

    if answer == number:
        print('제법이군! 정답이야!')
        print(str(count)+'번 만에 정답을 맞혔어!')
        break
    elif answer < number:
        print('업 Up!')
    else:
        print('다운 Down!')
```

3

결과

```
내가 고른 숫자를 맞혀 봐!50
업 Up!
내가 고른 숫자를 맞혀 봐!60
다운 Down!
내가 고른 숫자를 맞혀 봐!55
제법이군! 정답이야!
3번 만에 정답을 맞혔어!
```

3 프로젝트 개념 쌓기

while True와 break

횟수를 정하지 않고 무한히 반복하는 프로그램을 만들어야 하는 경우가 있습니다. 예를 들어 많은 사람이 즐겨하는 컴퓨터 게임이나 핸드폰 게임의 경우, 사용자가 종료 버튼을 누르기 전까지 게임이 무한히 반복적으로 실행되어야 하지요.

무한 반복문을 만들고 특별한 이벤트가 발생했을 때 반복을 탈출하는 방법을 알아봅시다. 파이참에서 폴더 **3.업다운게임**을 만들고, 그 안에 **개념쌓기.py** 파일을 생성한 후 아래 코드를 작성하세요. 사용자에게 숫자를 입력받은 후 그 숫자가 짝수인지 홀수인지 판별해 주는 간단한 프로그램입니다.

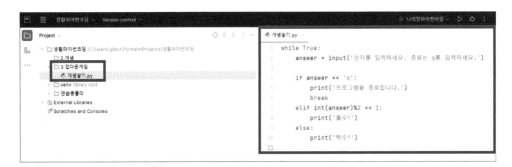

TIP 파이참에서 새로운 파일 만드는 방법은 26쪽을 참고하세요.

파일 이름 ▶ 3.업다운게임/개념쌓기.py

```python
while True:                                               ❶ 무한 반복문
    answer = input('숫자를 입력하세요. 종료는 q를 입력하세요.')   ❷ answer에 입력 데이터 저장
    if answer == 'q':                                     ❸ answer와 'q'가 같다면
        print('프로그램을 종료합니다.')                      ❹ if 블록: 종료 알리기
        break                                            ❺ if 블록: 반복문 탈출
    elif int(answer) % 2 == 1:                           ❻ answer를 2로 나눈 나머지가 1이라면
        print('홀수!')                                    ❼ elif 블록: 홀수 출력
    else:                                                ❽ 위 조건이 모두 거짓이라면
        print('짝수!')                                    ❾ else 블록: 짝수 출력
```

숫자를 입력하세요. 종료는 q를 입력하세요.87
홀수!
숫자를 입력하세요. 종료는 q를 입력하세요.24
짝수!
숫자를 입력하세요. 종료는 q를 입력하세요.q
프로그램을 종료합니다.

코드설명

❶ while 옆 조건 자리에 'True'라고 적으면 어떤 일이 벌어질까요? 조건이 참(True)인 동안 코드 블록이 반복된다고 하였으니, 조건 자체가 True라면 이 반복문은 종료되지 않고 무한 반복되겠죠? 만약 무한 반복문을 강제로 탈출하고 싶다면, 키보드에서 Ctrl 키와 C 키를 동시에 누르면 됩니다.

❷ input()으로 입력받은 답변을 변수 answer에 저장합니다.

❸ answer에 들어있는 데이터와 'q'가 같은지 비교하는 조건문입니다. 키보드의 'q'를 입력받으면 무한 반복을 종료하기 위한 코드입니다. 해당 조건이 참이라면 if 블록으로 들어가 ❹,❺의 코드를 실행합니다.

❹ if 블록입니다. 조건 answer == 'q'가 참일 때만 실행됩니다.

❺ break는 '깨다, 부수다'라는 뜻으로, 그 어떤 반복문이라도 break를 만나면 무조건 강제로 종료됩니다. 무한 반복문일 때뿐만 아니라 그 어떤 반복문이라도 탈출하고 싶을 때는 break를 씁니다.

❻ input()으로 입력받은 데이터는 무조건 문자 데이터입니다. 2로 나눈 나머지를 구하기 위해 answer에 저장된 문자 데이터를 숫자(정수) 데이터로 int(answer)라고 바꿉니다. int는 '정수'를 뜻하는 integer의 줄인 말입니다. 2로 나누었을 때 나머지(%)가 1이면 홀수, 0이면 짝수입니다.

❼ elif 블록입니다. 조건 int(answer)%2 == 1이 참일 때만 실행됩니다.

❾ else 블록입니다. 위의 if와 elif에서 나온 모든 조건이 거짓일 때만 실행됩니다.

이제 업다운 게임 프로젝트에 필요한 무한 반복과 반복문 탈출의 개념을 모두 쌓았습니다. 배운 개념을 바로 프로젝트에 적용해 봅시다. '프로젝트 코딩하기' 시작 부분에 코딩 주요 단계를 정리해 두었으니 꼭 읽어 본 후 실습을 진행하세요.

1 1부터 100까지 수 중에서 무작위로 수 1개를 뽑아 변수 number에 저장합니다.
2 사용자가 도전한 횟수를 저장할 변수 count를 시작 값 0으로 준비합니다.
3 무한 반복문을 돌리며 사용자에게 수를 입력받습니다.
4 사용자가 수를 입력할 때마다 도전 횟수를 1씩 증가시킵니다.
5 입력받은 수와 number에 저장된 수를 비교하여 적절한 응답(Up 혹은 Down)을 출력합니다.
6 정답을 맞히면 무한 반복문을 종료하고, 도전 횟수를 출력합니다.

앞에서 만든 폴더 **3.업다운게임** 아래 **프로젝트.py** 파일을 생성하고 아래 코드를 작성하세요.

파일 이름 ▶ **3.업다운게임/프로젝트.py**

```python
import random                                    ❶ random 불러오기

number = random.randint(1, 100)                  ❷ 1~100 중 1개 랜덤 뽑기
count = 0                                         ❸ 도전 횟수를 저장할 변수

while True:                                        ❹ 무한 반복문
    answer = int(input('내가 고른 숫자를 맞혀 봐!'))    ❺ 정수로 바꾼 입력 데이터 저장
    count += 1                                    ❻ 도전 횟수 1만큼 증가
```

```
    if answer == number:                              ❼ answer와 number가 같다면
        print('제법이군! 정답이야!')                    ❽ if 블록: 종료 알리기
        print(str(count)+'번 만에 정답을 맞혔어!')      ❾ if 블록: count를 문자로 바꿔 출력
        break                                          ❿ if 블록: 반복문 탈출
    elif answer < number:                              ⓫ answer가 number보다 작다면
        print('업 Up!')                                ⓬ elif 블록: 업(Up) 출력
    else:                                              ⓭ 위 조건이 모두 거짓이라면
        print('다운 Down!')                            ⓮ else 블록: 다운(Down) 출력
```

실행결과

```
내가 고른 숫자를 맞혀 봐!50
업 Up!
내가 고른 숫자를 맞혀 봐!75
다운 Down!
내가 고른 숫자를 맞혀 봐!60
다운 Down!
내가 고른 숫자를 맞혀 봐!55
제법이군! 정답이야!
4번 만에 정답을 맞혔어!
```

코드설명

❶ random은 '무작위'라는 뜻으로, 어떤 대상을 무작위(랜덤)로 뽑을 때 사용하는 라이브러리입니다.

❷ random.randint(a, b)는 a부터 b까지의 정수 중에서 하나의 정수를 무작위로 선택하는 코드입니다. 여기서는 1부터 100까지의 정수 중에서 무작위로 1개의 정수를 뽑아 변수 number에 저장합니다.

❸ 사용자가 도전한 횟수(숫자 데이터)를 저장할 변수 count를 만듭니다. 아직 한 번도 도전하지 않았으므로 변수 count의 처음 시작 값은 0이 됩니다.

❺ input()으로 입력받은 데이터는 무조건 문자 데이터입니다. int()로 입력 데이터를 감싸서 정수로 바꾼 후에 변수 answer에 저장합니다.

❻ 사용자로부터 새로운 데이터를 입력받았으니 도전 횟수를 뜻하는 count를 1만큼 증가시킵니다. 코드 count += 1은 count = count + 1과 같은 뜻으로, 변수에 저장된 데이터를 1만큼 증가시킵니다.

❼ 입력받은 answer와 정답인 number가 같은지 비교하는 조건문입니다. 사용자가 정답을 입력하면 무한 반복을 종료하기 위한 코드입니다. 해당 조건이 참이라면 if 블록으로 들어가 ❽, ❾, ❿의 코드를 실행합니다.

❾ count에 저장된 데이터는 숫자이므로 str()로 감싸서 문자로 바꿉니다. str은 '문자'를 뜻하는 string의 줄임말입니다. 문자 데이터가 된 count를 다른 문자 데이터인 '번 만에 정답을 맞혔어!'와 + 연산자로 연결하여 출력합니다.

⑪~⑫ 조건 answer < number가 참일 때 실행됩니다.

⑬~⑭ 위의 if와 elif에서 나온 모든 조건이 거짓일 때만 실행됩니다. 이 경우에는 answer > number일 때가 해당됩니다.

첫 번째 프로젝트의 목표였던 **무한 반복을 이용해 업다운 게임을 만들어 보자!**는 멋지게 이뤄낸 것 같습니다. 입력받는 수의 범위를 늘리거나 처리 과정에 다른 조건을 추가하는 등 더욱 다채로운 나만의 업다운 게임으로 발전시켜 보세요.

4

터틀 미술 작품 만들기

PYTHON PROJECT CODING

혹시 미술 시간을 좋아하나요? 미술에는 모자이크, 콜라주, 점묘법, 데칼코마니 등 다양한 기법들이 있습니다. 아마 여러분도 미술 시간에 한 번쯤은 직접 표현하거나 감상했을 것입니다. 잠깐 아래 작품을 감상해 볼까요?

이 작품은 같거나 비슷한 선과 무늬를 반복하여 전체적으로 멋진 인상을 주거나, 우연의 효과를 이용해 예상하지 못한 그림이 나오도록 하는 기법을 사용하였습니다.

반복과 우연이라고 하니, 파이썬이 떠오르지 않나요? 반복의 천재이자 우연의 효과를 잘 표현하는 파이썬을 이용하면 우리도 이와 같은 미술 작품을 짧은 시간에 손쉽게 완성할 수 있답니다.

이번 프로젝트에서는 **turtle 라이브러리**를 사용해 반복과 우연의 아름다움을 느낄 수 있는 미술 작품을 만들어 봅시다.

▷ **터틀로 미술 작품을 만들어 보자!**

1
준비

- 라이브러리 turtle, random
- 터틀의 속도, 모양, 배경 색깔 설정
- 미술 작품에 사용할 색깔들을 담은 리스트 데이터

```
t.speed(0)
t.shape('turtle')
t.bgcolor('black')
colors = ['orange', 'skyblue', 'yellow']
```

2
처리

- 터틀에게 반복적으로 작은 그림을 그리는 명령어를 수행하도록 하여 전체 그림을 완성합니다.
- 반복문 안에서 터틀의 색깔을 바꾸고, 조금씩 이동하고 회전하도록 명령을 내립니다.

```
while True:
    t.color(colors[i % 3])
    t.fd(i)
    t.lt(119)
    i += 1
```

3
결과

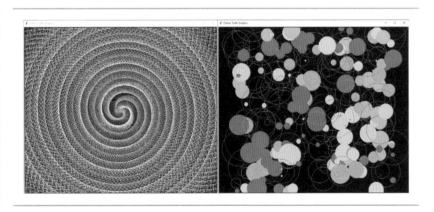

3 프로젝트 개념 쌓기

turtle 라이브러리

turtle은 코드로 거북이를 움직여서 화면에 다양한 그림을 그릴 수 있는 라이브러리입니다. 마치 거북이가 잉크 묻은 꼬리를 끌며 길을 가는 것처럼, 터틀은 지나간 길에 선으로 흔적을 남깁니다.

직접 turtle 라이브러리를 사용하며 코딩 지식을 쌓읍시다.

1. 터틀 기본 명령어 익히기

터틀을 움직이게 하는 기본 명령어를 익힙시다.

폴더 **4.터틀미술** 아래 **개념쌓기.py** 파일을 생성하고 아래 코드를 작성하세요.

파일 이름 ▶ 4.터틀미술/개념쌓기.py

```
import turtle as t            ── ❶ turtle을 별명 t로 불러오기

t.shape('turtle')            ── ❷ 터틀 모양 바꾸기
t.fd(100)                    ── ❸ 터틀 앞으로 100만큼 이동
t.rt(90)                     ── ❹ 터틀 오른쪽으로 90° 회전
t.fd(100)
t.lt(60)                     ── ❺ 터틀 왼쪽으로 60° 회전
t.fd(100)
```

실행결과

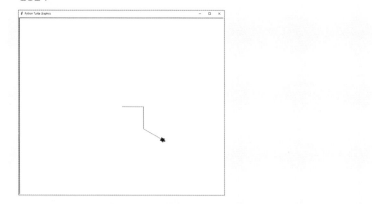

❶ turtle 라이브러리를 t라는 별명으로 불러(import)옵니다. turtle이라는 이름을 짧게 부르기 위해 t로 별명을 지어준 것이지요.

❷ shape는 '모양'이라는 뜻으로, ( ) 안에 원하는 모양을 넣으면 터틀의 모양이 바뀝니다. 모양을 나타내는 단어들은 문자 데이터이기 때문에 꼭 따옴표로 감싸서 ( ) 안에 넣어야 합니다.

t.shape( )					
'classic'	'turtle'	'arrow'	'square'	'triangle'	'circle'
▶	✹	▶	■	▶	●

❸ fd는 '앞으로'라는 뜻인 forward의 줄임말입니다. ( ) 안에 넣은 수만큼 터틀이 앞으로 움직입니다.

❹ rt는 '오른쪽'이라는 뜻인 right의 줄임말입니다. ( ) 안에 넣은 수만큼 터틀이 오른쪽으로 회전합니다.

❺ lt는 '왼쪽'이라는 뜻의 left의 줄임말입니다. ( ) 안에 넣은 수만큼 터틀이 왼쪽으로 회전합니다.

2. 터틀에게 반복 명령어 내리기

이번에는 반복문 안에서 터틀에게 명령어를 내립시다. 아까와 동일한 파일(**4.터틀미술/개념쌓기.py**)에서 모든 코드를 지우고, 아래 코드를 새로 작성하세요. 알록달록한 별을 그리는 코드입니다.

```
import turtle as t

t.shape('turtle')
colors = ['red', 'orange', 'yellow', 'green', 'blue']
```
❶ 사용할 색깔 목록을 리스트로 저장

```
for c in colors:
    t.color(c)
    t.fd(200)
    t.lt(144)
```
❷ 코드 블록 반복
❸ 터틀 색깔을 변수 c에 저장된 값으로 변경
❹ 200만큼 앞으로 이동
❺ 왼쪽으로 144° 회전

실행결과

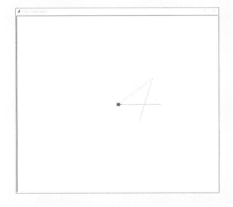

코드설명

❷ colors 리스트 안에 있는 색깔이 1개씩 변수 c에 저장되며 코드 블록이 반복됩니다. 코드 블록이 한 번 실행될 때마다 ❸~❺의 과정이 colors 리스트의 길이만큼, 즉 다섯 번 반복됩니다.

❸ 터틀의 색깔은 변수 c에 저장된 값으로 바뀌고 ❹200만큼 앞으로 간 뒤에 ❺왼쪽으로 144° 회전합니다.

터틀 미술 프로젝트에 필요한 turtle 라이브러리의 개념을 모두 쌓았습니다. 배운 개념을 바로 프로젝트에 적용해 봅시다.

4 ## 프로젝트 코딩하기

1 터틀의 속도, 모양, 배경 색깔을 설정합니다.

2 사용할 색깔을 변수 colors에 리스트 데이터 형태로 저장합니다.

3 while 반복문 안에서 터틀이 색깔을 바꾼 후 이동하고 회전하도록 합니다.

폴더 **4.터틀미술** 아래 **프로젝트(반복).py** 파일을 생성하고 아래 코드를 작성하세요.

파일 이름 ▶ 4.터틀미술/프로젝트(반복).py

```python
import turtle as t

t.speed(0)
t.shape('turtle')
t.bgcolor('black')              ❶ 배경 색깔 정하기
colors = ['orange', 'skyblue', 'yellow']

i = 0                           ❷ i의 처음 값을 0으로 정하기
while True:                     ❸ 무한 반복
    t.color(colors[i % 3])      ❹ 나머지를 이용한 색깔 정하기
    t.fd(i)
    t.lt(119)
    i += 1                      ❺ i = i + 1과 같은 코드
```

실행결과

▼ 무한 반복을 멈추고 싶다면 키보드에서 Ctrl 키를 누른 상태에서 알파벳 C 키를 누르거나 (Ctrl + C), 화면 창의 X 표시를 눌러 창을 끄면 됩니다.

❸ while 뒤 조건이 **True**입니다. 조건이 True일 때 while 반복문의 코드 블록이 반복된다고 하였으니, 조건 자체가 True라면 이 반복문은 종료되지 않고 무한 반복됩니다. 무한 반복을 강제로 멈추고 싶다면 Ctrl + C 키를 누르면 됩니다.

❹ %가 어떤 연산의 기호였는지 기억하나요? **i % 3**은 i를 3으로 나눈 '나머지'를 구하는 식입니다. 따라서 i에 어떤 수가 들어가더라도 i % 3은 3의 나머지인 0, 1, 2 세 가지 중 한 가지 값만 가지게 됩니다. 따라서 i%3이 0일 때는 colors[0]인 'orange'가, i%3이 1일 때는 colors[1]인 'skyblue'가, i%3이 2일 때는 colors[2]인 'yellow'가 변수 c에 저장됩니다.

❺ i = i + 1처럼 자기 자신에게 수를 더할 때는 i += 1과 같이 줄여 쓸 수 있습니다.

이번에는 우연의 효과를 넣은 작품을 만들어 봅시다.

폴더 **4.터틀미술** 아래 **프로젝트(우연).py** 파일을 생성하고 아래 코드를 작성하세요.

파일 이름 ▶ 4.터틀미술/프로젝트(우연).py

```
import turtle as t
import random                                          ❶ random 불러오기

t.speed(0)
t.shape('turtle')
t.bgcolor('black')
colors = ['deeppink', 'orange', 'gold', 'greenyellow', 'deepskyblue', 'magenta']

for i in range(300):
    t.penup()                                          ❷ 터틀 펜 들기

    x = random.randint(-400, 400)                      ❸ -400~400 중 1개 랜덤 뽑기
    y = random.randint(-400, 400)                      ❸ -400~400 중 1개 랜덤 뽑기
    t.goto(x, y)                                       ❹ 그대로

    c = random.choice(colors)
    t.color(c)

    t.pendown()                                        ❺ 터틀 펜 내리기
    draw = random.choice([t.circle, t.dot])            ❻ circle과 dot 중 1개 랜덤 선택
    size = random.randint(1, 100)                      ❼ 1~100 중 1개 랜덤 뽑기
    draw(size)                                         ❽ 그대로
```

실행결과

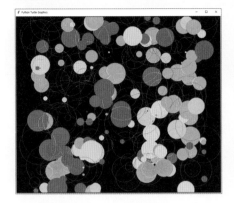

❶ random은 '무작위'라는 뜻으로, 어떤 대상을 무작위(랜덤)로 뽑을 때 사용하는 라이브러리입니다.

❷ penup은 터틀이 끌고 다니며 선을 그리던 꼬리인 '펜'을 들도록 하는 명령어입니다. penup을 쓰고 나면 터틀을 움직여도 자국이 남지 않습니다.

❸ random.randint(a, b)는 a부터 b까지의 정수 중에서 하나의 정수를 무작위로 선택하는 코드입니다. 여기서는 -400부터 400까지의 정수 중에서 무작위로 1개의 정수를 뽑아 변수 x, y에 각각 저장합니다.

❹ 랜덤으로 정해진 x, y의 좌표 위치로 터틀을 이동시키는 코드입니다.

❺ pendown은 터틀이 끌고 다니며 선을 그리던 꼬리인 '펜'을 내리도록 하는 명령어입니다. pendown을 쓰고 나면 터틀을 움직일 때 자국이 남습니다.

❻ random.choice(□)는 입력받은 문자나 리스트 □에서 무작위로 하나의 데이터를 선택하는 코드입니다. 여기서는 리스트 [t.circle, t.dot]을 입력받았으므로, 변수 draw에는 t.circle 또는 t.dot 중 하나가 무작위로 저장됩니다. t.circle은 원을 그리고, t.dot은 점을 그리는 명령어입니다.

❽ draw에는 t.circle이나 t.dot 중 하나가 저장되어 있습니다. size에는 1부터 100까지의 정수 중 하나가 저장되어 있습니다. 예를 들어 draw에는 t.dot이, size에는 50이 저장되어 있었다면 draw(size)는 t.dot(50)과 같으므로 크기가 50인 점이 그려집니다.

random 라이브러리로 우연의 효과를 주었기 때문에, 아마 여러분의 작품은 책과 다르게 출력될 것입니다. 단 몇 줄의 코드만으로 터틀이 몇백 번씩 명령을 수행하며 아름다운 미술 작품을 그려내는 것이 신기하지 않나요?

우리 프로젝트의 목표였던 **turtle 라이브러리를 사용해 반복과 우연의 아름다움을 느낄 수 있는 미술 작품을 만들어 보자!**는 멋지게 이뤄낸 것 같습니다. 입력 데이터나 처리 과정의 코드를 수정하며 더욱 다채로운 나만의 작품으로 발전시켜 보세요.

5
— DAY —

터틀 그림판
만들기

PYTHON PROJECT CODING

앞서 **터틀 미술** 프로젝트에서 우리는 터틀의 움직임을 코드로 미리 작성한 다음, 그 코드를 실행해 터틀을 움직였습니다. 그렇다면 혹시, 키보드의 방향키로 터틀을 조종하며 즉석에서 그림을 그릴 수는 없을까요?

함수를 만들어 사용하면 가능하답니다. 함수가 무엇인지 모르겠다고요? 사실 우리는 지금까지 수많은 함수를 사용했답니다. 우리가 앞에서 사용한 input()은 데이터를 입력받는 기능을, print()는 데이터를 출력하는 기능을, int()는 데이터의 종류를 정수(integer)로 바꾸는 기능을 합니다. 그 밖에도 len(), turtle.fd(), turtle.rt() 등과 같은 함수도 사용했지요. 이렇게 **뒤에 ( )가 있고, ( ) 안에 데이터를 입력받아 특별한 기능을 실행하는 코드**를 **함수**라고 부릅니다. 함수의 이름은 보통 함수가 어떤 기능을 하는지를 뜻하는 영어 단어이기 때문에 함수 이름을 보면 그 함수가 어떤 기능을 하는지 짐작할 수 있습니다.

함수 이름( )

이렇듯 우리는 이미 입력이나 출력, 터틀 조종과 같이 특별한 기능이 필요할 때마다 그 기능을 가진 함수의 이름만 불러 기능을 실행했습니다. 정말 편리했죠? 이렇게 파이썬에는 사용자를 위해 만들어 놓은 함수가 많이 있지만, 직접 나만의 함수를 만들어서 쓸 수도 있답니다. 나만의 함수를 만들어 사용하는 법을 배워서 파이썬을 더욱 빠르고 효율적으로 써 봅시다.

이번 프로젝트에서는 turtle 라이브러리와 나만의 함수를 사용해 키보드의 키로 터틀을 직접 조종하며 그림을 그리는 터틀 그림판을 만들어 봅시다. 함수를 어떻게 만드느냐에 따라 나만의 특별한 기능을 자유자재로 추가할 수 있으니 더욱 재미있을 거예요!

▼ 그림판

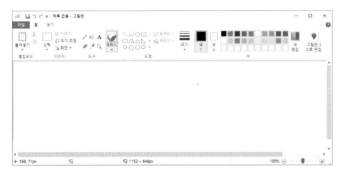

2 프로젝트 미리 보기

> 키보드의 키로 터틀을 직접 조종하며 그림을 그리는
> 터틀 그림판을 만들어 보자!

1 준비

- 라이브러리 turtle
- 키보드의 키 이름 데이터
- 나만의 함수를 만들어 사용하는 방법 (함수 정의 및 사용)
- 터틀에게 내릴 명령을 모아 놓은 나만의 함수 목록 파일

2 처리

- 키보드의 키 1개와 내가 만든 함수 1개를 1대1로 연결합니다.
- 키보드의 키를 누르면 연결된 함수가 실행되며 터틀이 동작합니다.

```
# 오른쪽 방향키와 함수 go_right를 연결
t.onkeypress(go_right, 'Right')
```

3 결과

터틀을 실행시킨 화면에서 키보드의 키로 터틀을 조종할 수 있습니다.

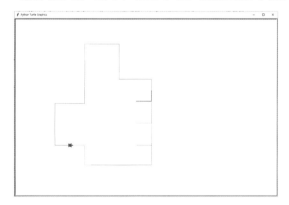

나만의 함수(function)

나만의 함수를 만들어 사용하는 법을 알아봅시다. 두 단계만 거치면 누구나 나만의 함수를 만들어 사용할 수 있습니다. 평소에 자주 쓰는 기능을 나만의 ①**함수로 정의**하고, 그 기능이 필요할 때마다 ②**함수의 이름을 부르기**만 하면 바로 간편하게 기능을 사용할 수 있답니다.

폴더 **5.터틀그림판** 아래 **개념쌓기.py** 파일을 생성하고 아래 코드를 작성하세요. 다각형을 뚝딱 그려주는 함수를 정의하고 사용하는 코드입니다.

파일 이름 ▶ 5.터틀그림판/개념쌓기.py

```
import turtle as t

def polygon(n):               ❶ 함수 정의
    for i in range(n):
        t.fd(100)
        t.lt(360/n)

polygon(5)                    ❷ 함수 사용
```

실행결과

❶ 다각형이라는 뜻의 polygon이란 이름의 함수를 정의합니다. 함수를 정의하는 방법은 아래와 같습니다.

`def polygon(n):`
들여쓰기 `    for i in range(n):`
`        t.fd(100)`
`        t.lt(360 / n)`
	`def 함수 이름(입력 데이터):`
	들여쓰기 `    함수의 내용`

def	함수를 정의할 때는 항상 def로 시작해야 합니다. def는 define의 줄임말로, '정의하다'라는 뜻입니다.
함수 이름	함수의 기능을 짐작할 수 있는 영어 이름을 지어 줍니다.
(입력 데이터)	함수 이름 뒤에는 ( )를 씁니다. ( ) 안의 입력 데이터는 한 개일 수도, 여러 개일 수도 있고, 아예 없을 수도 있습니다. 입력 데이터가 없더라도 ( )는 꼭 써야 합니다.
함수의 내용	들여쓰기 된 코드 블록 전체가 함수의 내용입니다. 코드 편집기인 파이참에서는 자동으로 들여쓰기가 되지만, 틀리면 문법 오류가 뜨니 조심하세요!

❷ 함수의 이름을 불러서 함수를 사용합니다. 함수 이름 뒤에 ( )를 써야 함수가 실행되고, ( ) 안에는 입력 데이터가 들어갑니다. 입력 데이터인 5는 변수 n에 저장됩니다. 함수에서 정의된 변수 n 자리에 모두 숫자 5가 입력되는 것이지요. 즉, for 반복문은 총 5번 반복되며 정오각형을 그립니다.

polygon( )의 ( ) 안에 6, 8과 같이 입력 데이터만 바꾸어 쓰면 간단하게 정육각형과 정팔각형이 출력됩니다. 여러분도 ( ) 안의 입력 데이터를 바꾸면서 다른 정다각형도 쉽게 그려 보세요.

```
polygon(3)
polygon(4)
polygon(5)
polygon(6)
polygon(7)
polygon(8)
```

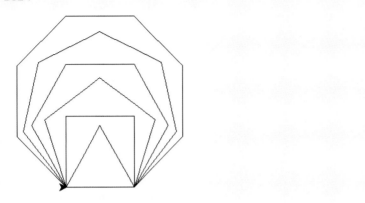

이렇게 함수를 직접 만들어서 사용했을 때 좋은 점은 무엇일까요? 평소에 자주 쓰는 기능을 한 번만 함수로 정의해 놓으면 그 기능이 필요할 때마다 함수 이름만 불러 사용하니 코드가 훨씬 간결해지고 시간이 절약됩니다. 여러분도 앞으로는 자주 쓰는 기능을 함수로 만들어 놓으면 정말 편리하겠죠?

이제 터틀 그림판 프로젝트에 필요한 나만의 함수 개념을 모두 쌓았습니다. 배운 개념을 바로 프로젝트에 적용해 봅시다.

4 프로젝트 코딩하기

1 7개의 서로 다른 함수를 정의합니다.
2 키보드의 키 1개와 함수 1개를 1대1로 연결합니다.
3 키보드의 키를 누르면 연결된 함수가 실행됩니다.

7개의 함수를 정의하려면 꽤 긴 코드를 작성해야겠죠? 이렇게 많은 양의 함수를 정의할 때는 한 파일에 함수의 정의만 따로 모아 놓은 후에, 다른 파일에서 함수를 사용할 때마다 꺼내서 쓰면 편리해요. 직접 해 볼까요?

폴더 **5.터틀그림판** 아래 myfunctions.py 파일을 생성하고, 4개의 함수를 먼저 정의합시다.

파일 이름 ▶ 5.터틀그림판/myfunctions.py

```python
import turtle as t
import random

def go_right():
    t.setheading(0)          ❶ 터틀의 머리를 0°로 설정
    t.fd(10)

def go_up():
    t.setheading(90)         ❷ 터틀의 머리를 90°로 설정
    t.fd(10)

def go_left():
    t.setheading(180)        ❸ 터틀의 머리를 180°로 설정
    t.fd(10)

def go_down():
    t.setheading(270)        ❹ 터틀의 머리를 270°로 설정
    t.fd(10)
```

코드설명

4가지 함수의 정의를 살펴보면, **t.setheading( )**에서 ( ) 안의 값만 바뀌고 나머지 코드는 모두 같습니다. t.setheading(x)는 터틀의 머리를 x°로 설정하는 코드입니다. ❶ 터틀의 머리가 오른쪽을 바라볼 때가 0°, ❷ 위쪽을 바라볼 때가 90°, ❸ 왼쪽을 바라볼 때가 180°, ❹ 아래쪽을 바라볼 때가 270°입니다. 각 함수를 사용할 때마다 함수의 이름대로 터틀은 머리 방향을 바꾸고, 앞으로 10만큼 움직입니다.

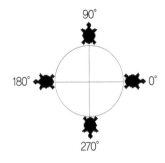

이제 정의한 4개의 함수를 키보드 방향키 4개에 각각 알맞게 연결해 봅시다.

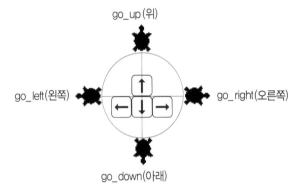

함수를 정의한 myfunctions.py 파일 말고, 같은 위치인 폴더 **5.터틀그림판** 아래 **프로젝트.py**라는 이름의 새 파일을 따로 생성한 후 코드를 작성해 봅시다. 방금 우리가 정의한 함수들을 사용하는 코드 파일입니다.

파일 이름 ▶ 5.터틀그림판/프로젝트.py

```
from myfunctions import *        ❶ myfunctions.py 파일에서 모든 함수 불러오기
import turtle as t

t.shape('turtle')
t.onkeypress(go_right, 'Right')  ❷ 함수 go_right와 오른쪽 방향키(→) 연결
t.onkeypress(go_up, 'Up')        ❸ 함수 go_up과 위쪽 방향키(↑) 연결
t.onkeypress(go_left, 'Left')    ❹ 함수 go_left와 왼쪽 방향키(←) 연결
t.onkeypress(go_down, 'Down')    ❺ 함수 go_down과 아래쪽 방향키(↓) 연결

t.listen()                       ❻
t.mainloop()                     ❼
```

실행결과

▼ 키보드의 방향키를 눌러 터틀을 직접 조종해 보세요.

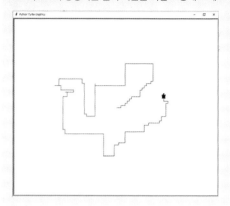

코드설명

❶ 우리가 만든 myfunctions.py 파일로부터(**from myfunctions**), 모든 함수 정의 목록을 불러오는(**import** *****) 코드입니다. import * 는 '모두 다 가져오라'는 뜻입니다.

❷~❺ t.onkeypress(**함수 이름, '키 이름'**) : 키보드의 키와 함수를 연결하는 코드입니다. '키 이름'에 해당하는 키를 키보드에서 누르면, 함수 이름에 쓴 함수를 불러서 사용합니다. 단, 함수 뒤의 ( )는 적지 않습니다.

❻~❼ 터틀 화면을 종료할 때까지 터틀 화면이 키보드의 입력 데이터를 계속 관찰하고 처리하는 코드입니다.

방향키로 터틀을 조종할 수 있으니 그림판처럼 다양한 그림을 그릴 수 있죠? 움직이는 기능 말고도 색을 바꾸거나, 화면을 지우는 기능을 추가하면 더 재밌지 않을까요? 다른 기능을 하는 함수를 추가로 3개 더 정의해 봅시다.

다시 **myfunctions.py** 파일로 돌아가서, 함수 go_down의 정의 밑으로 아래 코드를 이어서 추가해 보세요.

파일 이름 ▶ **5.터틀그림판/myfunctions.py**

```
import turtle as t
import random

(... 함수 go_right ~ go_down 정의까지 생략 ...)

def pen_updown():        ────── ❶ 터틀이 펜을 올리거나 내리도록 하는 함수
```

```
        if t.isdown():                    ❷ 만약 터틀이 펜을 내리고 있다면
            t.penup()
        else:
            t.pendown()

def change_color():                       ❸ 랜덤으로 펜 색깔을 바꾸는 함수
    colors = ['red', 'green', 'blue', 'orange', 'black']
    choice = random.choice(colors)
    t.color(choice)

def clear():                              ❹ 화면 지우고 검은펜으로 바꾸는 함수
    t.clear()                             ❺ 화면을 깨끗하게 지우기
    t.color('black')
```

코드설명

❶ 함수 pen_updown은 터틀이 펜을 내리고 있을 때는 펜을 올리고, 반대로 펜을 올리고 있을 때는 내리는 함수입니다.

❷ t.isdown()은 터틀이 현재 펜(꼬리)을 내리고 있는지를 알려줍니다. 만약 터틀이 펜을 내리고 있는 pendown 상태라면 **True**, 반대로 펜을 올리고 있는 penup 상태라면 **False**가 됩니다.

만약(**if**) t.isdown()이 True라면 터틀이 펜을 내리고 있는 것이므로 t.penup()을 실행하여 펜을 들도록 합니다. 그렇지 않고(**else**) t.isdown()이 False라면 터틀이 펜을 올리고 있는 것이므로 t.pendown()을 실행하여 펜을 내리도록 합니다.

이제 새롭게 정의한 3개의 함수 각각을 키보드의 키에 추가로 연결해 봅시다. **프로젝트.py** 파일로 가서 **추가된 부분**의 코드를 작성하세요.

파일 이름 ▶ 5.터틀그림판/프로젝트.py

```
from control_functions import *
import turtle as t

t.shape('turtle')

t.onkeypress(go_right, 'Right')
t.onkeypress(go_up, 'Up')
t.onkeypress(go_left, 'Left')
t.onkeypress(go_down, 'Down')
```

```
# 추가된 부분
t.onkeypress(pen_updown, 'Return')      ──────────── ❶ Return은 Enter 키의 이름
t.onkeypress(change_color, 'c')         ·········· ❷ c는 C 키의 이름, 대소문자 구분
t.onkeypress(clear, 'Escape')           ──────────── ❸ Escape는 ESC 키의 이름

t.listen()
t.mainloop()
```

실행결과

▼ Enter, C, ESC 키를 눌러 터틀이 잘 동작하는지 확인해 보세요.

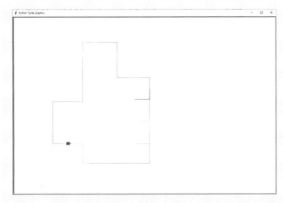

우리 프로젝트의 목표였던 **키보드의 키로 터틀을 직접 조종하며 그림을 그리는 터틀 그림판을 만들어 보자!**는 멋지게 이뤄낸 것 같습니다. '바탕색 바꾸기', '원하는 색깔로 바꾸기', '원하는 부분만 지우기'와 같이 더 추가하고 싶은 기능을 함수로 직접 정의하고 키보드 키와 연결하여 나만의 그림판으로 발전시켜 보세요!

디지털 시계 만들기

앞선 프로젝트에서 터틀 라이브러리를 사용한 코드를 실행하면 아래와 같이 새로운 화면이 따로 뜨면서 결과가 나타났습니다.

반면에 터틀 라이브러리를 사용하지 않을 때는 코드 실행 결과가 파이참 편집기 아랫부분의 실행 창에만 표시되었습니다.

```
name = input('당신의 이름은 무엇입니까?')
```

실행결과

당신의 이름은 무엇입니까?

터틀 라이브러리를 사용할 때처럼 코드 실행 결과가 화면으로 따로 떠서, 마우스로 버튼을 클릭하거나 키보드로 데이터를 입력할 수는 없을까요? 아래처럼 말이에요.

tkinter라는 라이브러리를 사용하면 우리도 멋진 화면을 만들 수 있답니다. 이번 프로젝트에서는 **tkinter 라이브러리를 사용해 화면에 나타나는 나만의 디지털 시계**를 만들어 봅시다. tkinter 라이브러리에 익숙해질수록 다양한 디자인이나 기능을 추가할 수 있을 거예요!

화면에 나타나는 나만의 디지털 시계를 만들어 보자!

1
준비

- 라이브러리 tkinter, time
- 만들 화면의 제목, 크기 설정
- 자주 사용할 글꼴, 글씨 크기, 글씨 굵기를 변수에 저장
- 나만의 함수를 만들어 사용하는 방법(함수 정의 및 사용)
- 화면의 버튼을 눌렀을 때 실행할 현재 시각을 나타내는 함수 clock 정의

2
처리

- 화면에 라벨을 만듭니다.
- 화면에 버튼을 만듭니다.
- 화면의 버튼과 현재 시각을 나타내는 함수를 연결합니다.
- 버튼을 누르면 연결된 함수가 실행되며 라벨에 시각이 나타납니다.

```
# 라벨 만들기
label = tk.Label(text='시작 버튼을 누르세요', font=font)
```

```
# 버튼 만들고 함수 연결하기
button = tk.Button(text='시작', font=font, width=4, height=1,
command=clock)
```

3
결과

시작 버튼을 누르면 현재 시각이 화면에 나타납니다.

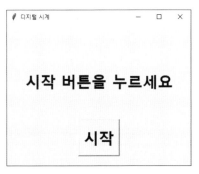
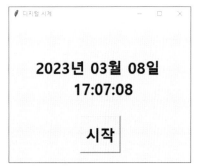

tkinter 라이브러리

tkinter는 내가 원하는 모양의 화면을 띄우고, 마우스로 클릭할 수 있는 버튼을 만들거나 키보드로 데이터를 입력받도록 도와주는 라이브러리입니다. 간단한 화면을 만들며 tkinter 라이브러리를 다뤄 봅시다.

폴더 **6.디지털시계** 아래 **개념쌓기.py** 파일을 생성하고 아래 코드를 작성하세요.

파일 이름 ▶ 6.디지털시계/개념쌓기.py

```python
import tkinter as tk                    ❶ tkinter를 별명 tk로 불러오기

window = tk.Tk()                        ❷ 화면 만들기
window.title("tkinter 연습")             ❸ 화면 제목
window.geometry('400x300')              ❹ 화면 크기, 키보드의 알파벳 소문자 x 사용

font = ('맑은 고딕', 20, 'bold')          ❺ 변수 font에 (글꼴, 글씨 크기, 글씨 굵기) 저장
label = tk.Label(text='라벨', font=font)  ❻ 라벨 만들기
button = tk.Button(text='클릭!', font=font) ❼ 버튼 만들기

label.place(relx=0.5, rely=0.3, anchor=tk.CENTER)   ❽ 라벨 위치 지정
button.place(relx=0.5, rely=0.7, anchor=tk.CENTER)  ❾ 버튼 위치 지정

window.mainloop()                       ❿ 만든 화면을 실행
```

실행결과

▼ 클릭 버튼을 눌러 보세요.

①~④ 기본적인 화면을 만드는 코드입니다.

⑥ 판매용 제품에 대한 설명을 적어 놓은 라벨처럼, 어떤 내용을 표시하는 문구를 라벨이라고 합니다. text=___에 표시하고 싶은 내용을 넣습니다. font=___에는 글씨 관련 설정이 들어갑니다. 여기서는 미리 저장한 변수 font를 넣습니다.

⑦ 버튼을 만드는 코드입니다. text, font와 관련된 설명은 ⑥의 라벨 만들기와 같습니다.

⑧~⑨ 화면에서 라벨이나 버튼을 어디에 놓을지 위치를 정하는 코드입니다. relx는 전체 가로 너비를 1로 보고 가로의 어느 위치에 놓을지를 정합니다. 0.5면 가운데에 놓이겠죠? rely는 전체 세로 너비를 1로 보고 세로의 어느 위치에 놓을지 정합니다. 0.3이면 비교적 위쪽에, 0.7이면 비교적 아래쪽에 놓이게 됩니다. anchor는 정렬을 정합니다. tk.CENTER는 가운데 정렬을 뜻합니다.

⑩ 화면을 종료할 때까지 화면에 입력되는 키보드나 마우스의 데이터를 계속 관찰하고 처리하는 코드입니다.

코드를 입력해 만든 화면에서 '클릭!' 버튼을 눌러 볼까요? 아무 일도 일어나지 않을 것입니다. 우리가 앞에서 실행한 코드는 라벨과 버튼을 만들어 껍데기인 화면을 디자인했을 뿐입니다. 이 버튼을 누르면 어떤 일을 해야 하는지는 아직 코드로 정해주지 않았기 때문에 버튼을 눌러도 아무 일도 일어나지 않습니다.

앞선 프로젝트에서 배운 함수의 도움을 받으면 버튼을 눌렀을 때 하는 일을 정해줄 수 있답니다. 코드를 추가하여 '클릭!' 버튼을 누르면 라벨의 내용이 '힘내세요!'로 바뀌도록 만들어 볼까요? 앞의 코드와 달라진 부분을 굵은 글씨로 표시를 하였습니다.

파일 이름 ▶ 6.디지털시계/개념쌓기.py

```python
import tkinter as tk

def print_label():            ① 라벨의 내용을 바꾸는 함수 정의
    label.configure(text='힘내세요!')

window = tk.Tk()
window.title("tkinter 연습")
window.geometry('400x300')

font = ('맑은 고딕', 20, 'bold')
label = tk.Label(text='라벨', font=font)
button = tk.Button(text='클릭!', font=font, command=print_label)    ② 버튼 클릭 때 함수 실행
```

```
label.place(relx=0.5, rely=0.3, anchor=tk.CENTER)
button.place(relx=0.5, rely=0.7, anchor=tk.CENTER)

window.mainloop()
```

실행결과

코드설명

❶ 버튼을 누르면 실행할 함수를 정의합니다. **configure**는 '설정하다'라는 뜻으로, 라벨의 내용을 바꿀 때 사용합니다.

❷ '명령'이라는 뜻의 command 뒤에는 버튼을 클릭했을 때 실행할 함수를 넣습니다. command=print_label은 버튼을 누르면 함수 print_label을 실행하라는 뜻입니다. **단, 함수 뒤의 ( )는 적지 않습니다.**

이제 디지털 시계 프로젝트에 필요한 tkinter 라이브러리의 개념을 모두 쌓았습니다. 배운 개념을 바로 프로젝트에 적용해 봅시다.

4 프로젝트 코딩하기

1 현재 시각을 표시하는 함수 clock을 정의합니다.
2 tkinter로 기본 화면을 만듭니다.
3 '시작' 버튼과 clock 함수를 연결합니다.
4 '시작' 버튼을 누르면 현재 시각이 화면에 나타납니다.
5 1초마다 clock 함수가 실행되며 시각이 업데이트되도록 합니다.

폴더 **6.디지털시계** 아래 **프로젝트.py** 파일을 생성하고, 아래 코드를 차근차근 작성하세요.

파일 이름 ▶ 6.디지털시계/프로젝트.py

```python
import tkinter as tk
import time                     ·············· ❶ time 가져오기

def clock():                    ·············· ❷ 현재 시각을 표시하는 함수 정의
    now = time.strftime("%Y/ %m/ %d/ \n %H:%M:%S")   ·············· ❸ 현재 시각을 변수에 저장
    label.configure(text=now)   ·············· ❹ 라벨 내용을 현재 시각으로 바꾸기
    label.after(1000, clock)    ·············· ❺ 1초 후에 다시 clock 함수를 실행

window = tk.Tk()
window.title("디지털시계")
window.geometry('400x300')

font = ('맑은 고딕', 25, 'bold')
label = tk.Label(text='시작 버튼을 누르세요', font=font)
button = tk.Button(text='시작', font=font, width=4, height=1, command=clock)
            ·············· ❻ 버튼과 clock 함수 연결
label.place(relx=0.5, rely=0.4, anchor=tk.CENTER)
button.place(relx=0.5, rely=0.8, anchor=tk.CENTER)

window.mainloop()
```

실행결과

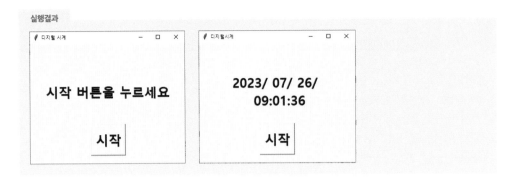

TIP '시작' 버튼을 눌러 보세요.

〔 코드설명 〕

❶ time은 시간과 관련된 기능이 필요할 때 사용하는 라이브러리입니다. 우리는 시계를 만들어야 하니 time 라이브러리를 불러옵니다.

❸ time.strftime(＿＿)은 현재 시각을 ＿＿에 지정한 모양대로 출력하는 코드입니다. ( ) 안의 빈칸에는 시각을 어떻게 출력할지 정한 포맷(모양)이 들어가는데, 각 알파벳이 의미하는 뜻은 아래와 같습니다. 중간 에 있는 \n은 줄 바꿈을 의미합니다.

%Y	%m	%d	%H	%M	%S
년 (Year)	월 (month)	일 (day)	시 (Hour)	분 (Minute)	초 (Second)

% 뒤에 알맞은 알파벳을 골라서 넣으면, %알파벳 자리에 현재 연도, 월, 일, 시, 분, 초 등이 알맞은 포맷(모양)으로 출력됩니다.

❺ label.after($\frac{\Box}{1000}$초, 함수 이름)은 $\frac{\Box}{1000}$초 후에 정해진 함수를 실행하는 코드입니다. 그렇다면 label. after(1000, clock)은 $\frac{1000}{1000}$초, 즉 1초마다 clock 함수를 실행하라는 뜻이겠지요. 1초마다 clock 함수를 다시 실행하며 라벨의 현재 시각을 1초씩 계속 업데이트하는 코드랍니다.

우리 프로젝트 목표였던 **tkinter 라이브러리를 사용해 화면에 나타나는 나만의 디지털 시계를 만들자!**는 잘 이룬 것 같습니다. 프로젝트의 코드를 조금만 변형하면 스톱워치, 타이머 등을 만들 수도 있답니다. time 라이브러리의 기능을 직접 검색하며 나만의 스톱워치나 타이머 등을 만들어 보는 것은 어떨까요?

7
— DAY —

랜덤 노래 추천기
만들기

PYTHON PROJECT CODING

여러분은 평소에 어떤 노래를 즐겨 듣나요? 취향에 따라 저마다 즐겨 듣는 노래가 가지각색으로 다를 것입니다. 그래서 음악을 들을 수 있는 웹 사이트나 앱에서는 내가 좋아하는 노래에 '좋아요 ♡'와 같은 표시를 누를 수 있는 기능을 제공합니다. 사람들은 기억하고 싶거나 다음에 또다시 듣고 싶은 노래에 '좋아요♡' 표시를 눌러 나만의 플레이리스트를 만들어 놓고, 원할 때마다 나만의 플레이리스트를 랜덤으로 재생하곤 합니다.

▲ 출처: 멜론(https://www.melon.com/m6/campaign.htm)

이와 비슷하게 이번 프로젝트에서는 사람들이 좋아하는 노래를 입력받아 플레이리스트에 저장하고, 버튼을 누를 때마다 플레이리스트에서 **랜덤(random)으로 노래를 뽑아 추천해 주는 프로그램**을 만들어 보겠습니다. 앞선 프로젝트에서 사용했던 tkinter와 random 라이브러리를 더 다양하게 활용합니다.

2 프로젝트 미리 보기

 노래 랜덤 추천 프로그램을 만들어 보자!

1
준비

- 라이브러리 tkinter, random
- 만들 화면의 제목, 크기 설정
- 자주 사용할 글꼴, 글씨 크기, 글씨 굵기를 변수에 저장
- 나만의 함수를 만들어 사용하는 방법(함수 정의 및 사용)
- 화면에 있는 각 버튼을 눌렀을 때 실행할 add, end, recommend 함수 정의

2
처리

- 화면에 라벨, 버튼 3개, 그리고 엔트리(글자를 입력받는 빈칸)를 만듭니다.
- 각각의 버튼과 알맞은 함수를 연결하여 버튼을 누르면 동작하게 합니다.

```
# 데이터를 입력받는 엔트리 만들기
entry = tk.Entry(window, font=font, width=20, borderwidth=4)

# 엔트리에 입력된 데이터를 읽어와 플레이리스트에 추가하는 함수 add
def add():
    music = entry.get()
    if len(music) > 0:
        playlist.append(music)
        entry.delete(0, tk.END)
        label.configure(text='< ' + music + ' > 추가 완료! \n더 추가해보
세요!')
```

3
결과

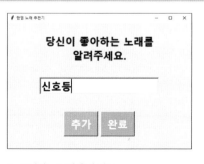

▲ 좋아하는 노래 추가 기능

▲ 노래 추천 기능

3 프로젝트 개념 쌓기

random + tkinter 라이브러리

5장 **터틀 그림판** 프로젝트에서 random 라이브러리를 쓴 기억이 있죠? random(랜덤)은 '무작위'라는 뜻으로, 예측할 수 없는 무작위의 상황을 만들 때 쓰는 라이브러리입니다. 간단한 tkinter 화면에서 1천원, 2천원, 3천원, 5천원, 1만원, 꽝 중에서 랜덤으로 할인 쿠폰을 뽑는 프로그램을 만들며 random 라이브러리를 사용해 봅시다.

폴더 **7.랜덤노래추천** 아래 **개념쌓기.py** 파일을 생성하고 아래 코드를 작성하세요.

파일 이름 ▶ 7.랜덤노래추천/개념쌓기.py

```
import tkinter as tk
import random                              ❶ random 불러오기

def good_luck():                           ❷ 쿠폰을 뽑는 함수 정의
                                           ❸ 할인 쿠폰을 리스트에 넣기
    coupons = ['1천원', '2천원', '3천원', '5천원', '1만원', '꽝']
    pick = random.choice(coupons)          ❹ coupons에서 1개 랜덤 뽑기
    label.configure(text='행운의 쿠폰은 바로!! \n' + pick + '!!!')
                                           ❺ 라벨 내용 바꾸기
    button.configure(text='재도전')          ❻ 버튼 내용 바꾸기

window = tk.Tk()                           ❼ tkinter 화면 만들기
window.title("행운의 뽑기")
window.geometry('400x300')

font = ('맑은 고딕', 20, 'bold')
label = tk.Label(text='행운의 할인 쿠폰 뽑기', font=font)
button = tk.Button(text='뽑기', font=font, width=5, height=1, command=good_luck)

label.place(relx=0.5, rely=0.3, anchor=tk.CENTER)
button.place(relx=0.5, rely=0.8, anchor=tk.CENTER)
window.mainloop()
```

실행결과

코드설명

❸ 할인 쿠폰의 종류를 리스트 coupons에 넣습니다.

❹ random.choice(□)는 입력받은 문자나 리스트 □에서 무작위로 하나의 데이터를 선택하는 코드입니다. 리스트 coupons를 입력받았으므로, 변수 pick에는 쿠폰 중 하나가 랜덤하게 뽑혀 저장됩니다.

❺ 버튼을 누르면 라벨의 내용을 바꿉니다. \n은 줄 바꿈을 의미합니다. 문자와 변수를 이어줄 때는 + 연산자를 씁니다.

❻ 버튼을 누르면 버튼의 내용을 '뽑기'가 아니라 '재도전'으로 바꿉니다.

할인 쿠폰이 들어 있는 리스트 coupons 대신 학생들 이름을 넣은 리스트를 쓴다면, 교실에서 랜덤 발표 뽑기 등으로도 활용할 수 있겠죠? 이제 랜덤 노래 추천 프로젝트에 필요한 random + tkinter 라이브러리의 개념을 모두 쌓았습니다. 배운 개념을 바로 프로젝트에 적용해 봅시다.

4 프로젝트 코딩하기

1 tkinter로 기본 화면을 만듭니다. 데이터를 입력받는 엔트리도 추가하여 사용합니다.

2 엔트리로부터 노래 데이터를 입력받아 플레이리스트에 추가하는 함수 add를 정의합니다.

3 노래 추가를 완료하는 함수 end를 정의합니다.

4 노래를 추천하는 함수 recommend를 정의합니다.

5 여러 가지 버튼과 2~4에서 정의한 함수들을 각각 알맞게 연결합니다.

위 프로젝트 개요 1부터 5를 두 단계로 나누어 1 tkinter로 화면 만들기를 먼저 코드로 작성한 후에, 2~5 부분을 추가하겠습니다. 우리가 이제는 익숙하게 할 수 있는 tkinter로 화면 만들기를 먼저 코드로 작성해 봅시다.

폴더 **7.랜덤노래추천** 아래 **프로젝트.py** 파일을 생성하고, 아래 코드를 차근차근 작성해 보세요.

파일 이름 ▶ **7.랜덤노래추천/프로젝트.py**

```python
import tkinter as tk

window = tk.Tk()
window.title("랜덤 노래 추천기")
window.geometry('600x400')

font = ('맑은 고딕', 25, 'bold')
label = tk.Label(window, text="당신이 좋아하는 노래를 알려주세요.", font=font,
wraplength=500)                    ❶ 줄 바꿈
entry = tk.Entry(window, font=font, width=20, borderwidth=4)    ❷ 엔트리 만들기
add_btn = tk.Button(window, text="추가", font=font, width=5, height=1, bg='skyblue',
fg='white')                        ❸ 버튼의 배경색과 글자색
end_btn = tk.Button(window, text="완료", font=font, width=5, height=1, bg='pink',
fg='white')
recommend_btn = tk.Button(window, text="노래 추천", font=font, width=20, height=1,
bg='pink', fg='white')

label.place(relx=0.5, rely=0.2, anchor=tk.CENTER)
entry.place(relx=0.5, rely=0.5, anchor=tk.CENTER)    ❹ 화면에 엔트리 배치
add_btn.place(relx=0.4, rely=0.8, anchor=tk.CENTER)
end_btn.place(relx=0.6, rely=0.8, anchor=tk.CENTER)
window.mainloop()
```

실행결과

❶ **wraplength**는 줄 바꿈을 위해 씁니다. 현재 window.geometry('600x400')로 화면의 너비를 600으로 설정했으니, 500이 넘어가면 줄을 바꾸도록 설정한 것입니다.

❷ 엔트리는 사용자로부터 데이터를 입력받는 하얀색 네모 박스를 만들 때 사용합니다. **borderwidth**는 테두리의 두께를 정합니다.

❸ **bg**는 버튼의 배경 색깔을, **fg**는 버튼의 글자색을 정합니다.

그런데 무언가 이상하지 않나요? 추천 버튼인 recommend_btn이 화면에 나타나지 않습니다. recommend_btn을 만들기는 했지만, place()를 이용해 화면에 놓지는 않았기 때문이지요. 왜 추천 버튼을 놓지 않았을까요? 그 이유는 버튼과 연결할 함수 정의에 숨어있습니다. **프로젝트.py**에 함수를 정의하고 버튼과 연결하는 코드를 추가해 봅시다. 굵은 글씨로 표시된 부분을 주의 깊게 살펴보고 코드를 **추가**로 작성하세요.

파일 이름 ▶ **7.랜덤노래추천/프로젝트.py**

```
import tkinter as tk
import random                                    ❶ random 불러오기

playlist = []                                    ❷ 입력 데이터를 담을 리스트

def add():                                       ❸ 노래를 추가하는 함수
    music = entry.get()                          ❹ 엔트리의 입력 데이터 저장
    if len(music) > 0:                           ❺ music의 값이 있다면
        playlist.append(music)                   ❻ 리스트 playlist에 music 추가
        entry.delete(0, tk.END)                  ❼ 엔트리 비우기
        label.configure(text='< ' + music + ' > 추가 완료! \n더 추가해보세요!')

def end():                                       ❽ 노래 추가를 완료하는 함수
    add_btn.place_forget()                       ❾ add_btn을 화면에서 없애기
```

```python
    end_btn.place_forget()                                      ⑩ end_btn을 화면에서 없애기
    entry.place_forget()                                        ⑪ entry를 화면에서 없애기

    recommend_btn.place(relx=0.5, rely=0.8, anchor=tk.CENTER)              ⑫ 추천 버튼 배치

    label.configure(text='노래를 추천해드릴게요!')

def recommend():                                                ⑬ 노래를 추천하는 함수
    music = random.choice(playlist)                             ⑭ playlist에서 1개 랜덤 뽑기
    label.configure(text=music + '\n추천합니다!')

window = tk.Tk()
window.title("랜덤 노래 추천기")
window.geometry('600x400')

font = ('맑은 고딕', 25, 'bold')
label = tk.Label(window, text="당신이 좋아하는 노래를 알려주세요.", font=font,
wraplength=500)
entry = tk.Entry(window, font=font, width=20, borderwidth=4)
add_btn = tk.Button(window, text="추가", font=font, width=5, height=1, bg='skyblue',
fg='white', command=add)                                        ⑮ add_btn과 함수 add 연결
end_btn = tk.Button(window, text="완료", font=font, width=5, height=1, bg='pink',
fg='white', command=end)                                        ⑯ end_btn과 함수 end 연결
recommend_btn = tk.Button(window, text="노래 추천", font=font, width=20, height=1,
bg='pink', fg='white', command=recommend)        ⑰ recommend_btn과 함수 recommend 연결

label.place(relx=0.5, rely=0.2, anchor=tk.CENTER)
entry.place(relx=0.5, rely=0.5, anchor=tk.CENTER)
add_btn.place(relx=0.4, rely=0.8, anchor=tk.CENTER)
end_btn.place(relx=0.6, rely=0.8, anchor=tk.CENTER)
window.mainloop()
```

실행결과

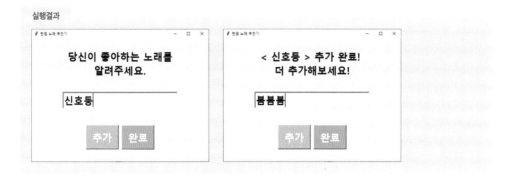

코드설명

❹ entry.get( )은 현재 엔트리에 입력되어 있는 데이터를 가져오는 코드입니다. 사용자가 엔트리에 데이터를 입력했다면 함수 add가 실행되는 순간 변수 music에 데이터가 저장됩니다.

❼ entry.delete(0, tk.END)는 엔트리에 담긴 데이터를 처음부터 끝까지 지워서 비우는 코드입니다.

❾~⓫ place_forget( )은 place( )와 반대로, 화면에서 해당하는 라벨이나 버튼, 엔트리 등을 없애는 코드입니다. 노래 추가가 완료되었으니 add_btn, end_btn, entry는 이제 쓸모가 없으므로 화면에서 없애도록 합니다.

⓬ 이제 우리가 필요한 추천 버튼 recommend_btn을 화면에 배치하여 나타나도록 합니다.

프로젝트 목표였던 **랜덤 노래 추천 프로그램을 만들어 보자!**는 잘 이룬 것 같습니다. 지금은 비록 플레이리스트에 있는 노래 제목 중에서 하나를 뽑아 보여 주는 프로그램을 만들었지만, 훗날 내 취향에 맞는 새로운 노래를 추천해 주는 인공지능 프로그램까지도 만들 수 있을 것입니다. 그때 지금 만든 프로젝트의 개념과 코드가 기본기 단단한 밑거름이 될 거예요.

8 DAY

MBTI 판별기 만들기

PYTHON PROJECT CODING

성격 유형 검사 중 하나인 MBTI에 대해 알고 있나요? MBTI는 사람의 성격 유형을 총 4가지의 범주로 나누고, 각각의 범주마다 2개의 알파벳 중 1개로 결과를 보여 줍니다.

에너지 방향		인식 방식		판단 기준		생활 양식	
E (외향)	I (내향)	S (감각)	N (직관)	T (사고)	F (감정)	J (판단)	P (인식)

범주별로 1개의 알파벳으로 분류되면, 결과적으로 내 성격 유형을 총 4개의 알파벳으로 알 수 있습니다.

ISTJ 세상의 소금형	ISFJ 임금 뒤편의 권력형	INFJ 예언자형	INTJ 과학자형
ISTP 백과사전형	ISFP 성인군자형	INFP 잔다르크형	INTP 아이디어 뱅크형
ESTP 수완 좋은 활동가형	ESFP 사교적인 유형	ENFP 스파크형	ENTP 발명가형
ESTJ 사업가형	ESFJ 친선도모형	ENFJ 언변능숙형	ENTJ 지도자형

TIP MBTI의 16가지 성격 유형에 대한 더 자세한 내용은 인터넷에서 검색하면 많이 나오니 참고하세요.

MBTI 검사 방법은 자기 스스로 여러 가지 질문에 그렇다(YES) 또는 그렇지 않다(NO)로 대답하는 것입니다. 질문은 4가지의 범주 안에서 골고루 나타납니다. 질문에 많이 대답할수록 더욱 정확한 검사 결과를 얻을 수 있답니다.

이번 프로젝트에서는 **간단한 4가지 질문에 대한 답을 하고, 이에 따라 MBTI를 판별하는 프로그램**을 만들어 봅시다. 이전 프로젝트에서 사용했던 tkinter 라이브러리와 리스트를 더욱 다양하게 활용해 봅니다.

2 프로젝트 미리 보기

⊳ MBTI 판별 프로그램을 만들어 보자!

1
___
준비

- 라이브러리 tkinter
- 만들 화면의 제목, 크기 설정
- 자주 사용할 글꼴, 글씨 크기, 글씨 굵기를 변수에 저장
- 질문에 대한 답을 입력받기 위한 라디오버튼을 만드는 방법
- 화면에 있는 버튼을 눌렀을 때 실행할 go_next 함수 정의

2
___
처리

- 화면에 라벨, 버튼 1개, 그리고 질문에 대한 답을 입력받기 위한 라디오버튼을 만듭니다.
- 버튼을 누르면 답이 제출되고, 다음 질문으로 넘어가도록 하는 함수 go_next를 정의하여 버튼과 연결합니다.

```
# 라디오버튼 만들기
selected = tk.StringVar()
selected.set('nothing')

yes = tk.Radiobutton(window, text="Yes", font=font, fg='blue',
variable=selected, value='yes')
no· = tk.Radiobutton(window, text="No", font=font, fg='red',
variable=selected, value='no')
```

3
___
결과

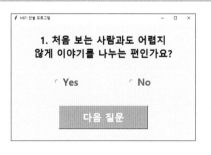

3 프로젝트 개념 쌓기

tkinter 화면에 라디오버튼 만들기

앞선 프로젝트에서 라벨, 버튼, 엔트리를 넣어서 tkinter 화면을 만들었습니다. 이번에는 질문에 대한 답을 입력할 수 있는 **라디오버튼**을 넣는 법을 연습해 봅시다. 라디오버튼이 무엇인지는 아래 코드를 실행하면 금방 알게 될 거예요. 좋아하는 음식을 조사하는 프로그램입니다.

폴더 **8.MBTI판별** 아래 **개념쌓기.py** 파일을 생성하고 아래 코드를 작성하세요.

파일 이름 ▶ 8.MBTI판별/개념쌓기.py

```
import tkinter as tk

def submit():
    value = selected.get()              ⑥ 라디오버튼 선택 값 가져오기
    if value == 'nothing':              ⑦ 아무것도 선택하지 않았다면
        button.configure(text='대답해주세요!')
    else:                               ⑧ 라디오버튼 하나를 선택했다면
        button.configure(text=value + ' 선택 완료!')

window = tk.Tk()
window.title("좋아하는 음식 조사")
window.geometry('800x800')

font = ('맑은 고딕', 25, 'bold')
label = tk.Label(window, text="다음 중 가장 좋아하는 음식을 고르세요!", font=font)
button = tk.Button(window, text="완료", font=font, width=15, height=1, bg='green',
command=submit)
label.place(relx=0.5, rely=0.1, anchor=tk.CENTER)
button.place(relx=0.5, rely=0.9, anchor=tk.CENTER)

selected = tk.StringVar()               ❶ 라디오버튼 선택 값을 담을 변수 만들기
selected.set('nothing')                 ❷ 초깃값을 'nothing'으로 설정

food = ['치킨', '피자', '떡볶이', '햄버거', '돈까스', '라면']
for i in range(len(food)):              ❸ 리스트 food의 길이만큼 반복
    radiobutton = tk.Radiobutton(window, text=food[i], font=font, variable=selected,
value=food[i])                          ❹ 라디오버튼 만들기
    radiobutton.place(relx=0.5, rely=0.2 + (i * 0.1), anchor=tk.CENTER)
                                        ❺ 라디오버튼 배치

window.mainloop()
```

실행결과

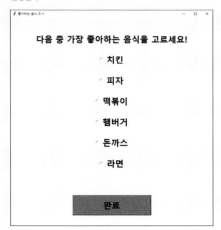 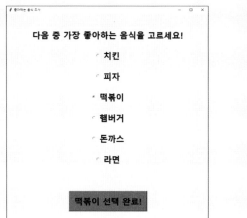

코드설명

❶ 라디오버튼의 선택 값을 저장하는 변수를 만들기 위한 코드입니다. 문자로 이루어진 값을 담을 수 있습니다.

❷ 라디오버튼 중 아무것도 선택하지 않은 상태의 초깃값을 'nothing'으로 설정하는 코드입니다. selected에 담긴 값을 확인했는데 'nothing'이라면, 라디오버튼 중 아무것도 선택하지 않았다는 뜻이 됩니다.

❹ 라디오버튼을 만들 때는 tk.Radiobutton()을 사용합니다. text=__에 들어가는 값은 화면에서 보이는 값이고, value=__에 들어가는 값은 변수 selected에 저장되는 값입니다. 여기서는 리스트 food에서 인덱싱한 값을 넣었습니다.

❺ 반복문은 리스트 food의 길이인 6번 반복되니, 라디오버튼도 6개를 배치해야겠죠? relx는 0.5로 화면 가운데로 맞추고, rely는 0.1씩 커지도록 i*0.1을 더합니다. 반복문이 돌면서 i값이 1씩 커질수록 rely도 0.1씩 늘어납니다.

❻ 라디오버튼의 선택 값을 가져와서 변수 value에 저장하는 코드입니다.

❼ 만약 라디오버튼 중 아무것도 선택하지 않았다면 초깃값인 'nothing'이 value에 들어있게 됩니다. 이 경우에는 button의 내용을 '대답해주세요!'로 바꿉니다.

❽ 라디오버튼을 선택했다면 value에 선택 값이 담깁니다. 이 경우에는 value를 button의 내용으로 보여줍니다.

이제 **MBTI 판별 프로젝트에 필요한 라디오버튼 만들기** 개념을 모두 쌓았습니다. 배운 개념을 바로 프로젝트에 적용해 봅시다.

4 **프로젝트 코딩하기**

1 tkinter로 기본 화면을 만듭니다. 라디오버튼도 추가합니다.

2 MBTI 질문이 시작되며 라디오버튼을 배치하는 함수 start를 정의합니다.

3 앞선 질문에 대한 대답을 저장하고, 다음 질문을 보여주는 함수 go_next를 정의합니다.

4 MBTI 유형 결과를 알려주는 함수 end를 정의합니다.

5 버튼과 2~4에서 정의한 함수들을 각각 알맞게 연결합니다.

위 프로젝트 개요 1부터 5를 두 단계로 나누어 1 tkinter로 화면 만들기를 먼저 코드로 작성한 후에, 2~5 부분을 추가하겠습니다. 우리가 이제는 익숙하게 할 수 있는 tkinter로 화면 만들기를 먼저 코드로 작성해 봅시다.

폴더 8.MBTI판별 아래 프로젝트.py 파일을 생성하고, 아래 코드를 차근차근 작성하세요.

파일 이름 ▶ 8.MBTI판별/프로젝트.py

```
import tkinter as tk

window = tk.Tk()
window.title("MBTI 판별 프로그램")
window.geometry('640x400')

font = ('맑은 고딕', 25, 'bold')
label = tk.Label(window, text="당신의 MBTI는?", font=font, wraplength=500)
button = tk.Button(window, text="시작하기", font=font, width=15, height=1,
bg='pink', fg='white')
label.place(relx=0.5, rely=0.2, anchor=tk.CENTER)
button.place(relx=0.5, rely=0.8, anchor=tk.CENTER)

selected = tk.StringVar()          ❶ 라디오버튼 선택 값을 담을 변수 만들기
selected.set('nothing')            ❷ 아무것도 선택하지 않은 초깃값을 'nothing'으로 설정

yes = tk.Radiobutton(window, text="Yes", font=font, fg='blue', variable=selected,
value='yes')                       ❸ Yes 라디오버튼 만들기
no = tk.Radiobutton(window, text="No", font=font, fg='red', variable=selected,
value='no')                        ❹ No 라디오버튼 만들기

window.mainloop()
```

실행결과

그런데 무언가 이상하지 않나요? 분명히 Yes 와 No 라디오버튼을 만들었는데, 화면에 나타나지 않습니다. 우리가 라디오버튼을 만들기는 했지만, place()를 이용해 화면에 놓지는 않았기 때문이지요. 왜 라디오버튼을 놓지 않았을까요? 그 이유는 버튼과 연결할 함수 정의에 숨어있습니다. **프로젝트.py**에 함수를 정의하고 버튼과 연결하는 코드를 추가해 봅시다. 굵은 글씨로 표시된 부분을 주의 깊게 살펴보고 코드를 추가로 작성하세요.

파일 이름 ▶ **8.MBTI판별/프로젝트.py**

```python
import tkinter as tk

questions = [
    '1. 처음 보는 사람과도 어렵지 않게 이야기를 나누는 편인가요?',
    '2. 자유 시간에 다양한 관심사를 탐구하는 것을 좋아하나요?',
    '3. 다른 사람이 울고 있으면 자신도 울고 싶어질 때가 많나요?',
    '4. 일이 잘못될 때를 대비해 여러 대비책을 세우는 편인가요?'
]                                               ❶ MBTI 판별 질문 리스트 저장
answers = []                                    ❷ 답변을 저장하기 위한 리스트

def start():                                    ❸ 시작하는 함수
    yes.place(relx=0.3, rely=0.5, anchor=tk.CENTER)   ❹ 화면에 라디오버튼 배치
    no.place(relx=0.7, rely=0.5, anchor=tk.CENTER)    ❹ 화면에 라디오버튼 배치

    label.configure(text=questions.pop(0))            ❺ 맨 앞 질문 1개 꺼내서 label에 넣기
    button.configure(text="다음 질문", command=go_next)  ❻ 버튼 내용과 연결 함수 바꾸기


def go_next():                                  ❼ 다음 질문으로 넘어가는 함수
    value = selected.get()                      ❽ 라디오버튼 선택 값 가져오기
    if value == 'nothing':                      ❾ 아무것도 선택하지 않았다면
```

```
        button.configure(text='대답해주세요!')
    else:                                         ⑩ 라디오버튼 하나를 선택했다면
        answers.append(value)                     ⑪ 리스트 answers에 선택 값 추가
        selected.set('nothing')                   ⑫ selected를 다시 'nothing'으로 설정

        if len(questions) != 0:                   ⑬ 질문이 남았다면
            label.configure(text=questions.pop(0))    ⑭ 맨 앞 질문 1개 꺼내서 label에 넣기
            button.configure(text='다음 질문')
        else:                                     ⑮ 질문이 끝났다면
            label.configure(text='결과가 나왔습니다. 당신의 MBTI는!')
            button.configure(text='결과보기', command=end)
            yes.place_forget()                    ⑯ 화면에서 라디오버튼 삭제
            no.place_forget()                     ⑯ 화면에서 라디오버튼 삭제


def end():                                        ⑰ MBTI 결과를 알려주는 함수
    results = [['E', 'I'], ['N', 'S'], ['F', 'T'], ['J', 'P']]   ⑱ 범주별 알파벳을
    mbti = ''                                     ⑲ MBTI 결과를 저장할 문자열      준비한 리스트
    for i in range(len(answers)):                 ⑳ 질문이 4개였으니 답인 answers의 길이도 4
        if answers[i] == 'yes':
            mbti += results[i][0]                 ㉑ 해당하는 알파벳 붙이기
        else:
            mbti += results[i][1]                 ㉑ 해당하는 알파벳 붙이기

    label.configure(text='당신의 MBTI는 ' + mbti + '입니다.')
    button.place_forget()                         ㉒ 화면에서 버튼 삭제


window = tk.Tk()
window.title("MBTI 판별 프로그램")
window.geometry('640x400')

font = ('맑은 고딕', 25, 'bold')
label = tk.Label(window, text="당신의 MBTI는?", font=font, wraplength=500)
button = tk.Button(window, text="시작하기", font=font, width=15, height=1,
bg='pink', fg='white', command=start)            ㉓ button과 함수 start 연결
label.place(relx=0.5, rely=0.2, anchor=tk.CENTER)
button.place(relx=0.5, rely=0.8, anchor=tk.CENTER)

selected = tk.StringVar()
selected.set('nothing')
```

```
yes = tk.Radiobutton(window, text="Yes", font=font, fg='blue', variable=selected,
value='yes')
no = tk.Radiobutton(window, text="No", font=font, fg='red', variable=selected,
value='no')

window.mainloop()
```

실행결과

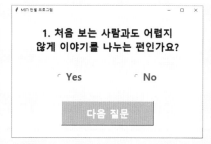

 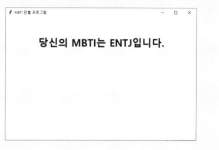

코드설명

❺ **리스트.pop(인덱스)**를 하면, 인덱스에 해당하는 데이터를 리스트에서 꺼내올 수 있습니다. pop으로 꺼 낸 데이터는 더이상 리스트 안에 존재하지 않게 됩니다. questions.pop(0)을 하면 맨 앞에 있는 질문이 하 나씩 튀어나오며 리스트 questions 안에서는 사라집니다.

❻ 버튼의 내용과 연결 함수를 다음 질문으로 넘어가는 기능으로 바꿉니다.

⑪ **리스트.append(데이터)**를 하면, 리스트에 데이터를 추가합니다. 선택 값을 리스트 answers에 추가하는 코드입니다.

⑫ 다음 질문으로 가기 전에 이전 선택 값을 지워주기 위해 selected에 초깃값 'nothing'을 넣습니다.

⑬ 리스트 questions에서 질문을 하나씩 pop(0) 하기 때문에, 리스트 안에 들어있던 질문은 계속 하나씩 줄어듭니다. 그러므로 len(questions)가 0이면 모든 질문을 다 했다는 뜻이 되고, 반대로 0이 아니라면(!=) 아직 질문이 남았다는 뜻이 됩니다.

㉚ for 반복문의 변수 i에는 0에서 3까지의 숫자가 들어갑니다. 반복문이 돌면서 변수 i의 값이 바뀔 때마다 results[i]는 아래와 같이 변합니다.

result[0]	result[1]	result[2]	result[3]
['E', 'I']	['N', 'S']	['F', 'T']	['J', 'P']

㉑ 사실 이 질문에서 Yes라고 답하면 리스트 results[i] 안의 알파벳 중에서 앞에 있는 것(E, N, F, J)으로 분류되고, No라고 답하면 뒤에 있는 것(I, S, T, P)으로 분류됩니다. 그러므로 **answers[i] == 'yes'**이면 results[i][0]을, 그렇지 않다면 results[i][1]을 mbti에 붙여 줍니다. **mbti += results[i][0]**는 mbti = mbti + results[i][0]와 같은 코드입니다.

프로젝트 목표였던 **MBTI 판별 프로그램을 만들어 보자!**는 잘 이룬 것 같습니다. 조금 더 논리적이고 복잡하게 알고리즘을 설계한다면 질문을 늘려서 더 정확한 MBTI 판별 프로그램을 만들 수 있겠지요. 지금 배운 개념과 코드를 바탕으로 질문을 추가하고 코드를 변형하여 나만의 MBTI 프로그램을 확장해 보세요.

9 DAY

글을 소리로 봇 만들기

음성 합성에 대해 들어본 적이 있나요? 음성 합성이란 사람이 말하는 것처럼 음성(말소리)을 인위적으로 만들어내는 기술입니다. 문자로 쓰인 글을 컴퓨터가 읽어서 소리로 바꿔 주는 예가 대표적이지요. 이렇게 글(Text)을 우리가 하는 말(Speech)로 바꾸어 출력하는 과정을 TTS(Text to Speech)라고 부릅니다. 우리 주변에서도 인공지능 스피커, 아파트 방송, 오디오북, 인공지능 성우, 인공지능 아나운서 등 음성 합성 기술을 사용하는 사례가 많답니다.

▼ 인공지능 스피커

▼ 네이버 클로바 보이스(clova.ai/voice)

네이버 클로바 보이스는 인공지능(AI) 보이스를 선택하고, 텍스트를 입력하면 음성으로 바꿔 주는 서비스입니다. 우리가 일상생활에서 자주 접하는 기술이지만, 막상 프로그램에서 사용하려니 복잡해 보이죠?

하지만 gtts 라이브러리를 이용하면, 간단하게 음성 합성 기술을 활용해 클로바 보이스 같은 프로그램을 만들 수 있답니다. 이번 프로젝트에서는 **gtts 라이브러리를 사용해 글을 음성으로 바꾸어 주는 '글을 소리로 봇' 프로그램**을 만들어 봅시다. '글을 소리로 봇'이란 '글'을 '소리'로 바꿔 주는 '로봇'이라는 의미입니다.

2 프로젝트 미리 보기

글을 음성으로 바꿔 읽어 주는 프로그램을 만들어 보자!

1 준비

- 라이브러리 gtts, playsound, time
- 언어 설정(영어 또는 한국어)을 입력받을 변수 lang
- 문자로 이루어진 문장을 입력받을 변수 text

2 처리

- 변수 lang에 언어 설정(영어 또는 한국어)을 입력받습니다.
- 변수 text에 언어 설정에 맞게 문자로 이루어진 문장을 입력받습니다.
- text에 입력된 문장을 음성으로 바꿉니다.

```python
if '영어' in lang:
    text = input("영어 문장을 입력하세요. : ")
    tts = gTTS(text=text, lang='en')
else:
    text = input("한국어 문장을 입력하세요. : ")
    tts = gTTS(text=text, lang='ko')

tts.save('speech.mp3')
```

3 결과

언어 선택 - 영어 또는 한국어를 입력해주세요. :한국어
한국어 문장을 입력하세요. : 안녕하세요? 이 문장을 음성으로 바꾸어 주세요!

그러면 아래와 같이 speech.mp3라는 오디오 파일이 생기고, 입력한 문장이 음성으로 들립니다.

3 프로젝트 개념 쌓기

pip install gtts playsound

gtts는 Google Text to Speech의 약자로, 글(Text)을 음성(Speech)으로 바꿔서 mp3 오디오 파일로 저장하는 라이브러리입니다. **playsound**는 오디오 파일을 재생하는 데 사용하는 라이브러리입니다.

지금까지의 프로젝트에서는 라이브러리를 따로 설치하지 않고 임포트(import)만 하면 사용할 수 있었습니다. 그 이유는 파이썬에 기본적으로 turtle, time, random 등의 라이브러리가 설치되어 있기 때문입니다. 그런데 gtts, playsound 같은 라이브러리는 파이썬에 기본적으로 설치되어 있지 않기 때문에 따로 설치해야만 사용할 수 있답니다.

라이브러리를 설치할 때는 **pip**라는 명령어를 사용합니다. pip는 Pip Installs Packages의 줄인 말로, 'pip가 패키지들을 설치한다'라는 의미입니다. 쉽게 말해, 파이썬 프로그래머들이 미리 만들어둔 다양한 라이브러리를 설치할 때 사용하는 명령이라고 이해하면 됩니다. 앞으로 파이썬으로 다양한 프로그램을 만들기 위해서는 꼭 알아야 하는 명령어입니다.

pip는 지금까지의 프로젝트 코드와 달리, 파이참 오른쪽 아래의 **터미널(Terminal)** 버튼을 눌러 터미널을 켠 후, 터미널에서 명령어를 실행해야 합니다.

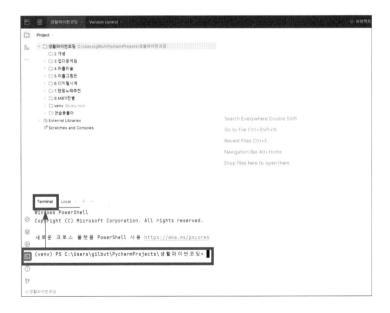

파이참 터미널에서 pip install 명령어를 이용해 필요한 라이브러리를 설치하기 위해서는 **pip install 라이브러리 이름들** 형식으로 입력하면 됩니다. 라이브러리 이름 뒤에 특정한 버전을 명시하면 해당 버전으로 설치되며 따로 버전을 쓰지 않으면 자동으로 최신 버전이 설치됩니다.

자, 터미널에서 > 옆에 아래와 같이 명령어를 입력한 뒤 Enter를 누르세요. 특히, 라이브러리 playsound는 최신 버전보다 1.2.2 버전이 오류 없이 잘 실행되므로, **playsound==1.2.2**를 입력하여 버전을 1.2.2로 정하세요.

터미널

```
pip install gtts playsound==1.2.2
```

실행결과

```
Collecting gtts
  Using cached gTTS-2.3.2-py3-none-any.whl (28 kB)
Collecting playsound==1.2.2
  Using cached playsound-1.2.2-py2.py3-none-any.whl (6.0 kB)
Collecting requests<3,>=2.27 (from gtts)
  Using cached requests-2.31.0-py3-none-any.whl (62 kB)
Collecting click<8.2,>=7.1 (from gtts)
  Using cached click-8.1.3-py3-none-any.whl (96 kB)
Collecting colorama (from click<8.2,>=7.1->gtts)
  Using cached colorama-0.4.6-py2.py3-none-any.whl (25 kB)
Collecting charset-normalizer<4,>=2 (from requests<3,>=2.27->gtts)
  Using cached charset_normalizer-3.1.0-cp311-cp311-win_amd64.whl (96 kB)
Collecting idna<4,>=2.5 (from requests<3,>=2.27->gtts)
  Using cached idna-3.4-py3-none-any.whl (61 kB)
Collecting urllib3<3,>=1.21.1 (from requests<3,>=2.27->gtts)
  Using cached urllib3-2.0.2-py3-none-any.whl (123 kB)
Collecting certifi>=2017.4.17 (from requests<3,>=2.27->gtts)
  Using cached certifi-2023.5.7-py3-none-any.whl (156 kB)
Installing collected packages: playsound, urllib3, idna, colorama, charset-
normalizer, certifi, requests, click, gtts
Successfully installed certifi-2023.5.7 charset-normalizer-3.1.0 click-8.1.3
colorama-0.4.6 gtts-2.3.2 idna-3.4 playsound-1.2.2 requests-2.31.0 urllib3-2.0.2

[notice] A new release of pip available: 22.3.1 -> 23.1.2
[notice] To update, run: python.exe -m pip install --upgrade pip
```

만약 명령어 실행 후 마지막 줄에 아래와 같이 [notice]와 함께 메시지가 나온다면 pip를 업그레이드할 수 있다는 뜻입니다. 잘 읽어보면 마지막 줄에는 실행하면 좋은 명령어까지 친절하게 알려주고 있습니다.

터미널에서 알려준 대로 명령어를 실행해 보세요.

터미널
```
python.exe -m pip install --upgrade pip
```

실행결과
```
Collecting pip
  Using cached pip-23.0.1-py3-none-any.whl (2.1 MB)
Installing collected packages: pip
  Attempting uninstall: pip
    Found existing installation: pip 22.3.1
    Uninstalling pip-22.3.1:
      Successfully uninstalled pip-2.3.1
Successfully installed pip-23.0.1
```

라이브러리 설치가 완료되었습니다. 실행 결과는 pip의 버전에 따라 달라질 수 있지만, 마지막에 Successfully installed라는 문구가 나오면 성공입니다. 이제 설치한 2개의 라이브러리를 이용해 간단한 프로그램을 만들어 봅시다.

혹시 횡단보도를 건널 때, 신호등 아래에 설치된 시각장애인을 위한 버튼을 본 적 있나요? 버튼을 누르면 횡단보도가 현재 무슨 불인지 알려주고, 녹색불로 바뀌면 안내 음성이 나옵니다. 이와 비슷하게, 횡단보도에서 녹색불이 켜지면 나오는 안내 음성을 구현해 봅시다.

폴더 **9.글을소리로봇** 아래 **개념쌓기.py** 파일을 생성하고 아래 코드를 작성하세요.

파일 이름 ▶ 9.글을소리로봇/개념쌓기.py

```
from gtts import gTTS                                    ❶ gtts 필요 기능 불러오기
from playsound import playsound                          ❷ playsound 필요 기능 불러오기
import time

text = "안녕하세요, 횡단보도에 녹색불이 켜졌습니다. 건너가도 좋습니다."
tts = gTTS(text=text, lang='ko')                         ❸ text를 한국어 음성으로 변환
tts.save('trafficlight.mp3')                             ❹ 음성을 오디오 파일로 저장
time.sleep(5)                                            ❺ 5초 대기
playsound('trafficlight.mp3')                            ❻ 저장한 오디오 파일 재생
```

실행결과

▼ 아래와 같이 trafficlight.mp3라는 오디오 파일이 생기고, 입력한 문장이 음성으로 들립니다.

> ☐ 9. 글을소리로봇
> ⊡ trafficlight.mp3
> 🎵 개념쌓기.py

| 코드설명 |

❶ gtts 라이브러리에서 현재 필요한 기능인 gTTS만 가져옵니다.

❷ playsound 라이브러리에서 현재 필요한 기능인 playsound만 가져옵니다.

❸ gTTS(text=___, lang='___')는 text를 lang 언어 음성으로 변환하는 코드입니다. 변수 tts에 text를 한국어 음성으로 변환한 값을 저장합니다.

❹ save('파일이름.mp3')는 지정한 파일 이름으로 mp3 오디오 파일을 저장하는 코드입니다.

❺ 오디오 파일이 안정적으로 저장되어 재생될 수 있도록 5초간 대기합니다.

❻ playsound('파일이름.mp3')는 지정한 오디오 파일을 재생하는 코드입니다.

이제 '글을 소리로 봇' 프로젝트에 필요한 **gtts, playsound 라이브러리의 개념**을 모두 쌓았습니다. 배운 개념을 바로 프로젝트에 적용해 봅시다.

1 gtts, playsound, time 라이브러리를 가져옵니다.
2 변수 lang에 언어 설정(영어 또는 한국어)을 올바르게 입력받습니다.
3 변수 text에 언어 설정에 맞게 문자로 이루어진 문장을 입력받습니다.
4 text에 입력된 문장을 언어 설정에 맞게 음성으로 바꿉니다.
5 바꾼 음성을 speech.mp3 오디오 파일로 저장하고 재생합니다.

폴더 **9.글을소리로봇** 아래 **프로젝트.py** 파일을 생성하고, 아래 코드를 차근차근 작성하세요.

파일 이름 ▶ 9.글을소리로봇/프로젝트.py

```python
from gtts import gTTS
from playsound import playsound
import time

lang = input('언어 선택 - 영어 또는 한국어를 입력해주세요. :')          ❶ 언어 설정 입력받기

while '영어' not in lang and '한국어' not in lang:          ❷ 바른 값을 입력받을 때까지 반복
    lang = input('잘못 입력하셨습니다. 언어 선택 - 영어 또는 한국어를 입력해주세요.
:')

if '영어' in lang:          ❸ 만약 lang에 '영어'가 있다면
    text = input("영어 문장을 입력하세요. : ")
    tts = gTTS(text=text, lang='en')          ❹ text를 영어('en') 음성으로 전환

else:          ❺ 그렇지 않다면
    text = input("한국어 문장을 입력하세요. : ")
    tts = gTTS(text=text, lang='ko')          ❻ text를 한국어('ko') 음성으로 전환

tts.save('speech.mp3')          ❼ 음성을 오디오 파일로 저장
time.sleep(5)          ❽ 5초 대기
playsound('speech.mp3')          ❾ 저장한 오디오 파일 재생
```

실행결과

언어 선택 - 영어 또는 한국어를 입력해주세요. :한국어
한국어 문장을 입력하세요. : 안녕하세요? 이 문장을 음성으로 바꾸어 주세요!

▼ 아래와 같은 speech.mp3라는 오디오 파일이 생기고, 입력한 문장이 음성으로 들립니다.

코드설명

❶ 사용자로부터 영어 또는 한국어를 입력받을 것을 기대하며 input()으로 받은 데이터를 변수 lang에 저장합니다.

❷ 하지만 lang에 입력받은 값이 우리의 기대와 달리 영어나 한국어가 아닐 수도 있겠죠? while은 뒤에 따라오는 조건이 True라면 코드 블록을 반복합니다. 조건 **'영어' not in lang and '한국어' not in lang**는 변수 lang에 '영어'라는 문자도 없고, 그리고 '한국어'라는 문자도 없을 때 True가 됩니다. 이 조건이 True라면 사용자가 잘못 입력한 경우이므로, 올바른 값을 입력할 때까지 다시 입력하도록 합니다.(lang = input('잘못 입력하셨습니다. 언어 선택 - 영어 또는 한국어를 입력해주세요. :'))

변수 text에 다양한 문장을 입력하며 프로그램을 실행해 보세요. 우리 프로젝트 목표였던 **글을 소리로 바꿔 주는 로봇을 만들어 보자!**는 잘 이룬 것 같습니다. 파이참 터미널에서 pip를 이용해 라이브러리를 새로 설치하는 경험이 조금 낯설었을 수 있지만, 프로젝트 코드 자체는 어렵지 않았을 것입니다. 더 다양한 논리를 추가하며 gtts 라이브러리를 사용한다면, 여러분만의 멋진 음성 합성 프로그램을 만들 수 있을 거예요!

10
— DAY —

뚝딱 수학 그래프 만들기

혹시 여러분은 수학 시간에 데이터를 활용해 함수 그래프를 그려본 적이 있나요?

두 변수 x, y에 대해, 정해진 x값에 따라 y값이 하나로 결정될 때, 이를 x에서 y로의 함수라고 부릅니다. 파이썬의 함수에서 입력 데이터(x)에 따라 출력 데이터(y)가 바뀌는 것과 같은 원리랍니다.

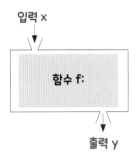

$y=x$ 또는 $y=x^2$같은 함수식을 좌표 평면 위에 나타내면 아래와 같이 1차, 2차 함수 그래프로 시각화할 수 있습니다. 아마 수학 시간에 그려 본 경험이 있을 수도 있습니다.

▼ y=x 그래프　　　　　　　　　　　　　　▼ y=x² 그래프

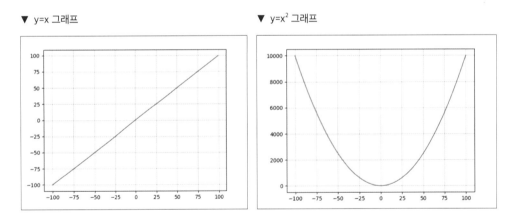

> TIP　아직 함수를 배우지 않았어도 이 프로젝트를 따라 하는 데 큰 어려움은 없습니다.

수학 시간마다 우리를 머리 아프게 하는 그래프! 수학 그래프를 뚝딱 그리는 프로그램이 있다면 얼마나 좋을까요? matplotlib 라이브러리를 이용하면 다양한 그래프를 쉽게 그릴 수 있답니다. 이번 프로젝트에서는 **matplotlib 라이브러리를 사용해 함수식을 입력하면 수학 그래프를 그리는 프로그램**을 만들어 봅시다.

함수식을 입력받아 수학 그래프를 뚝딱 그리는 프로그램을
만들어 보자!

1
준비

- 라이브러리 matplotlib
- x의 값으로 들어갈 x축의 범위와 그에 따른 y의 값을 저장할 리스트

2
처리

- 변수 formula에 x로 이루어진 함수식을 입력받습니다.
- 입력받은 함수식에 x값을 대입하고, 그에 따른 y값을 저장합니다.
- x와 y 데이터로 함수 그래프를 좌표 평면에 그립니다.
- 함수 그래프를 그림 파일로 저장한 후 화면에 보여 줍니다.

```python
from matplotlib import pyplot as plt

plt.plot(x_values, y)
plt.grid()
plt.savefig('함수 그래프.png')
plt.show()
```

3
결과

x로 이루어진 함수식을 입력하세요. (예시: 3*x**2+2*x) : 4*x**3 + 2*x + 1
식을 입력하면 '함수 그래프.png'라는 그림 파일이 생기고, 함수 그래프가 나타납니다.

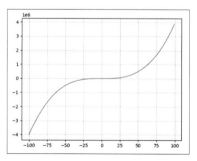

✎ matplotlib 라이브러리

matplotlib은 다양한 데이터나 식 등을 그래프로 시각화해 보여주는 라이브러리입니다. 아쉽게도 matplotlib은 파이썬에 기본적으로 설치되어 있지 않아서 따로 설치해야 사용할 수 있습니다. 앞의 프로젝트에서 라이브러리를 설치할 때 썼던 명령어를 기억하나요? 바로 pip install이었지요. 이번에도 터미널(Terminal)에서 matplotlib 라이브러리를 설치해 봅시다.

터미널
```
pip install matplotlib
```

실행결과
```
Collecting pillow>=6.2.0
  Downloading Pillow-9.4.0-cp311-cp311-win_amd64.whl (2.5 MB)
  ──── 2.5/2.5 MB 9.3 MB/s eta 0:00:00
Collecting pyparsing>=2.3.1
  Using cached pyparsing-3.0.9-py3-none-any.whl (98 kB)
Collecting python-dateutil>=2.7
  Using cached python_dateutil-2.8.2-py2.py3-none-any.whl (247 kB)
Collecting six>=1.5
  Using cached six-1.16.0-py2.py3-none-any.whl (11 kB)
Installing collected packages: six, pyparsing, pillow, packaging, numpy,
kiwisolver, fonttools, cycler, python-dateutil, contourpy, matplotlib
Successfully installed contourpy-1.0.7 cycler-0.11.0 fonttools-4.39.3
kiwisolver-1.4.4 matplotlib-3.7.1 numpy-1.24.2 packaging-23.0 pillow-9.4.0
pyparsing-3.0.9 python-dateutil-2.8.2 six-1.16.0
```

라이브러리 설치가 완료되었습니다. 이제 matplotlib 라이브러리를 이용해 간단한 프로그램을 만들어 봅시다. -100부터 100까지의 범위에서 $y=x^2$ 그래프를 그리는 프로그램을 구현해 봅시다.

폴더 **10.뚝딱수학그래프** 아래 **개념쌓기.py** 파일을 생성하고 다음 코드를 작성하세요.

```
from matplotlib import pyplot as plt
```
❶ matplotlib 필요 기능 불러오기

```
x_values = range(-100, 101)
```
❷ x값의 범위 설정
```
y_values = []
```
❸ y 값을 담을 빈 리스트 생성
```
for x in x_values:
```
❹ x_values에서 데이터를 하나씩 꺼내서 반복
```
    y_values.append(x ** 2)
```
❺ x^2값을 리스트 y_values에 추가

```
plt.plot(x_values, y_values)
```
❻ x_values와 y_values로 그래프 그리기
```
plt.grid()
```
❼ 좌표 평면 그리기
```
plt.savefig('2차함수.png')
```
❽ 그림 파일로 저장
```
plt.show()
```
❾ 그래프를 화면에 보여 주기

실행결과

▼ 아래처럼 '2차함수.png'라는 그림 파일이 생기고, 2차 함수 그래프가 나타납니다.

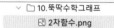

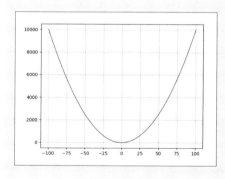

┌ 코드설명 ┐

❶ matplotlib 라이브러리로부터 필요한 기능인 pyplot만을 plt라는 별명으로 가져옵니다.

❷ x값의 범위를 -100부터 100으로 설정합니다. range(a, b)는 **a부터 b-1**까지의 연속된 숫자들로 이루어진 데이터를 만들어 줍니다. 그래서 100이 아니라 100보다 1 큰 수인 101을 넣은 것입니다.

❸ 함수식에서 y의 값은 x의 값에 따라 결정됩니다. x의 값에 따라 결정될 y의 값을 담을 빈 리스트 y_values를 만듭니다.

❹ x_values에서 데이터를 하나씩 꺼내서 변수 x에 넣고 코드 블록을 반복합니다.

❺ 연산자 **는 제곱을 뜻하므로 x ** 2는 x^2입니다. 우리는 함수식 y=x^2을 그리고 있으므로 x^2 값이 곧 y 값이 됩니다. 이 값을 리스트 y_values에 추가합니다.

❻ x_values와 y_values를 이용해 선 그래프를 그리는 코드입니다. x_values와 y_values에 어떤 값이 들어 있느냐에 따라 그래프 모양이 바뀝니다.

❼ 그래프 뒤 좌표 평면을 그리는 코드입니다.

❽ 그래프를 '2차함수.png' 그림 파일로 저장합니다.

❾ 그래프를 화면에 보여 줍니다.

뚝딱 수학 그래프 프로젝트를 위한 matplotlib 라이브러리 개념을 모두 쌓았습니다. 이제 프로젝트를 코딩해 봅시다.

4 **프로젝트 코딩하기**

1 matplotlib 라이브러리를 가져옵니다.

2 변수 formula에 x로 이루어진 함수식을 입력받습니다.

3 입력받은 함수식에 x값을 대입하고, 그에 따른 y값을 저장합니다.

4 입력받은 함수식이 잘못되었다면 반복문을 중단합니다.

5 x와 y 데이터로 함수 그래프를 좌표 평면에 그립니다.

6 함수 그래프를 그림 파일로 저장한 후 화면에 보여 줍니다.

폴더 **10.뚝딱수학그래프** 아래 **프로젝트.py** 파일을 생성하고, 아래 코드를 차근차근 작성하세요.

파일 이름 ▶ **10.뚝딱수학그래프/프로젝트.py**

```python
from matplotlib import pyplot as plt          ❶ matplotlib 필요 기능 불러오기

formula = input("x로 이루어진 함수식을 입력하세요. (예시: 3*x**3+2*x) : ")
                                               ❷ 함수식 입력
x_values = range(-100, 101)                    ❸ x값의 범위 설정
y_values = []                                  ❹ y값을 담을 빈 리스트 생성

for x in x_values:                             ❺ x_values에서 데이터를 하나씩 꺼내서 반복
    try:                                       ❻ 아래 코드 블록 시도
        y_values.append(eval(formula))         ❼ fomula를 실행한 값을 y_values에 저장
    except:                                    ❽ 오류가 난다면 아래 코드 블록 실행
        print("잘못 입력하셨습니다. 올바른 함수식을 입력하세요.")
        break

if len(y_values) == len(x_values):             ❾ 모든 x값에 대해 y값이 정해졌다면
    plt.plot(x_values, y_values)               ❿ x_values와 y_values로 그래프 그리기
    plt.grid()                                 ⓫ 좌표 평면 그리기
    plt.savefig('함수 그래프.png')              ⓬ 그림 파일로 저장
    plt.show()                                 ⓭ 그래프를 화면에 보여 주기
```

x로 이루어진 함수식을 입력하세요. (예시: 3*x**2+2*x) : 4*x**3 + 2*x + 1

▼ 아래처럼 함수 그래프.png라는 그림 파일이 생기고, 입력한 함수식이 그래프로 나타납니다.

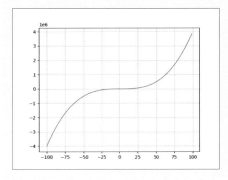

❷ 예시와 같이 중간에 +, -, * 같은 **연산자**가 정확히 잘 들어가도록 주의합니다.

❼ eval은 파이썬 코드를 문자 데이터로 입력받은 후, 그 식을 코드로 실행해 줍니다. 예를 들어 파이썬 콘솔
창에서 아래 코드를 실행해 볼까요?

```
>>> eval('print(123)')
```

123

변수 formula에는 '**3*x**3 + 2*x**'와 같이 사용자로부터 입력받은 함수식 모양의 문자 데이터가 들어있습니
다. eval(formula)를 하면 파이썬으로 직접 코드 **3*x**3 + 2*x**를 실행한 값을 내어줍니다. 함수식의 x에는
for 반복문의 변수 x값이 들어갑니다.

만약 formula 안에 코드로 실행할 수 없는 값이 들어 있다면 어떻게 될까요? 바로 에러 메시지를 뿜으며 프
로그램이 중단됩니다. 사용자로부터 받은 입력값은 틀릴 수 있으므로 이럴 때는 오류에 대비해서 따로 처리

하면 좋습니다. ⑥, ⑧ try - except문을 살펴봅시다.

⑥, ⑧ 코드를 실행하다가 오류가 나면 프로그램은 빨간색 에러 메시지를 뿜으며 멈춥니다. 오류가 날 수도 있는 상황을 직접 관리할 수는 없을까요? try - except문을 사용하면 가능합니다. try 아래 있는 코드 블록을 실행하다가 어떤 오류가 발생하면 except 아래 있는 코드 블록을 실행합니다.

```
try:
    ①기본적으로 실행할 코드 블록

except:
    ②만약 위의 ①코드 블록을 실행하다가 오류가 발생한다면
    여기 코드 블록을 실행
```

이렇게 하면 오류가 나는 상황에서도 프로그램이 혼자 멈추지 않고 내가 원하는 대로 작동하니 프로그램이 훨씬 매끄럽게 실행되겠죠? 123쪽에서 입력한 코드에서는 어떻게 동작하는지 살펴봅시다.

```
try:
    y_values.append(eval(formula))
except:
    print("잘못 입력하셨습니다. 올바른 함수식을 입력하세요.")
    break
```

기본적으로 try문 안에 있는 코드 y_values.append(eval(formula))를 실행합니다. 만약 이 코드를 실행하다가 오류가 발생한다면 에러 메시지를 내보내며 멈추지 않고, excpet문 안에 있는 코드 블록 print("잘못 입력하셨습니다. 올바른 함수식을 입력하세요.")와 break를 실행해 오류가 났음을 알리고, 반복문을 종료합니다.

⑨ 리스트 x_values 안에 있는 모든 데이터가 함수식에 잘 들어가서 답을 내었다면, y_values와 길이가 같아지겠죠? 즉 함수식이 모든 x값에 대해 올바르게 동작해서 함수 그래프를 그릴 준비가 되었는지 확인하는 코드입니다.

이번 프로젝트 목표였던 **함수식을 입력받아 수학 그래프를 뚝딱 그리는 프로그램을 만들어 보자!**는 잘 이룬 것 같습니다. matplotlib 라이브러리의 사용법과 더불어 아주 중요한 개념인 오류 처리 try - except를 살펴보았습니다. 변수 formula에 다양한 함수식을 넣어 수학 그래프를 뚝딱 만들어 보세요. 이제 더이상 함수 그래프를 그리느라 머리 아파하지 마세요!

11 DAY

뇌 구조
워드 클라우드
만들기

PYTHON PROJECT CODING

여러분은 평소에 어떤 생각들을 하며 살아가고 있나요? 가족, 학교, 친구, 점심 메뉴, 좋아하는 친구, 가수, 즐겨 듣는 노래 등 우리의 뇌는 크고 작은 다양한 생각들로 꽉 차 있지요. 평소 우리의 이런 소소한 생각을 뇌 모양 그림에 재미있게 나타내는 활동을 '뇌 구조 그리기'라고 합니다. 혹시 여러분도 뇌 구조를 그려 본 적이 있나요?

뇌 구조 그림을 살펴보면, 많이 그리고 자주 하는 생각들은 큰 글씨로 나타내고 반대로 가끔 하는 생각들은 작은 글씨로 나타냅니다. 이렇게 중요도가 높은 단어는 크게 표현하고, 중요도가 낮은 단어는 작게 표현하는 시각화 기법을 워드 클라우드(Word Cloud)라고 부릅니다. 말 그대로 단어 구름을 만드는 것이지요. 최근에는 데이터 크기가 매우 큰 '빅데이터'를 한 눈에 보기 위한 용도로 자주 사용됩니다.

이번 프로젝트에서는 wordcloud 라이브러리를 이용해 **뇌 구조 워드 클라우드를 그리는 프로그램**을 만들어 봅시다.

🚩 뇌 구조 워드 클라우드를 그리는 프로그램을 만들어 보자!

1
준비

- 라이브러리 wordcloud, matplotlib, numpy, pillow
- 뇌 구조 모양의 그림 파일
- 워드 클라우드에 표시할 단어와 중요도를 표시한 딕셔너리

2
처리

- 뇌 모양의 그림 파일을 불러옵니다. (라이브러리 numpy, pillow)
- 단어 딕셔너리를 이용해 뇌 그림 안에 워드 클라우드를 만듭니다. (라이브러리 wordcloud)
- 만든 워드 클라우드를 화면에 보여줍니다. (라이브러리 matplotlib)

```python
from wordcloud import WordCloud
wordcloud = WordCloud(
    font_path=r"C:\Windows\Fonts\malgun.ttf",
    width=800,
    height=800,
    background_color='white',
    colormap='rainbow',
    mask=brainImage,
    contour_width=5,
    contour_color='steelblue',
).generate_from_frequencies(words)
```

3
결과

wordcloud 라이브러리

wordcloud는 단어 데이터를 시각적으로 구름처럼 나타내는 라이브러리입니다. wordcloud 라이브러리 또한 파이썬에 기본적으로 설치되어 있지 않아서 따로 설치해야 사용할 수 있습니다. 그리고 wordcloud 라이브러리를 통해 만든 워드 클라우드를 시각화해 보여 주기 위해서는 앞선 프로젝트에서 배웠던 **matplotlib**의 도움 또한 필요합니다. 파이참(pycharm) 오른쪽 아래의 터미널(Terminal)에서 wordcloud 라이브러리를 설치해 봅시다.

> 터미널
```
pip install wordcloud matplotlib
```

이제 wordcloud 라이브러리를 이용해 간단한 프로그램을 만들어 봅시다. 폴더 **11.뇌구조워드클라우드** 아래 **개념쌓기.py** 파일을 생성하고 아래 코드를 작성하세요.

파일 이름 ▶ 11.뇌구조워드클라우드/개념쌓기.py

```python
from wordcloud import WordCloud              # ❶ wordcloud 필요 기능 불러오기
from matplotlib import pyplot as plt         # ❷ matplotlib 필요 기능을 별명 plt로 불러오기

words = {
    '파이썬': 10,
    '가족': 8,
    '뭐먹지': 8,
    '코딩': 7,
    '친구': 6,
    '놀궁리': 5,
    '졸리다': 4,
    '배고파': 2,
}                                            # ❸ 워드 클라우드에 표시할 데이터 중요도 설정

wordcloud = WordCloud(
    font_path=r"C:\Windows\Fonts\malgun.ttf",   # ❹ 한글 글꼴 경로 설정
    width=800,                                   # ❺ 너비 설정
    height=800,                                  # ❻ 높이 설정
    colormap='rainbow',                          # ❼ 단어색 설정
```

```
).generate_from_frequencies(words)          ❽ 딕셔너리 words로 워드 클라우드 생성

plt.figure(figsize=(10, 10))                ❾ 워드 클라우드를 놓을 영역의 크기 설정
plt.imshow(wordcloud, interpolation="bilinear")     ❿ 워드 클라우드 이미지 표시
plt.axis("off")                             ⓫ 그래프의 x, y축 등을 없애기
plt.show()                                  ⓬ 워드 클라우드를 화면에 보여 주기
```

실행결과

◆ 코드설명

❶ wordcloud 라이브러리로부터 필요한 기능인 WordCloud를 불러옵니다. 대문자에 유의하세요.

❷ matplotlib 라이브러리로부터 필요한 기능인 pyplot만을 plt라는 별명으로 가져옵니다. 생성한 워드 클라우드를 시각화해 보여 주기 위해 불러옵니다.

❸ 워드 클라우드에 넣을 데이터를 딕셔너리로 정리해 변수 words에 저장합니다. 딕셔너리의 key에는 워드 클라우드에 표시할 단어를, value에는 해당 단어의 중요도를 숫자로 표시합니다.

❹ 워드 클라우드에서 한글을 쓰기 위해서는 한글 글꼴을 써야 합니다. font_path에 한글 글꼴이 저장된 경로를 넣습니다.

❽ 딕셔너리 words와 설정 값들을 이용해 워드 클라우드를 생성하는 코드입니다. 생성한 워드 클라우드는 변수 wordcloud에 저장됩니다.

❾~⓬ 생성한 워드 클라우드를 matplotlib 라이브러리를 이용해서 시각화하는 부분입니다.

코드를 실행할 때마다 생기는 워드 클라우드의 모양(위치, 색깔 등)은 랜덤으로 달라지기 때문에 실행 결과가 책과 다를 수 있습니다. 뇌 구조 워드 클라우드 프로젝트를 위한 wordcloud 라이브러리 개념을 모두 쌓았습니다. 이제 프로젝트를 코딩해 봅시다.

1 필요한 라이브러리(wordcloud matplotlib numpy pillow)를 준비합니다.
2 워드 클라우드에 표시할 단어 딕셔너리 words를 만듭니다.
3 뇌 모양의 그림 파일을 불러옵니다. (라이브러리 numpy pillow)
4 뇌 그림 안에 워드 클라우드를 만듭니다. (라이브러리 wordcloud)
5 만든 워드 클라우드를 화면에 보여 줍니다. (라이브러리 matplotlib)

이번에는 뇌 구조 모양의 그림 파일을 처리하기 위해서 numpy와 pillow 라이브러리가 필요합니다. 파이참 아래쪽의 터미널(terminal)에서 설치 명령어를 실행합시다.

터미널
```
pip install numpy pillow
```

폴더 **11.뇌구조워드클라우드** 아래 **프로젝트.py** 파일을 생성하고, 아래 코드를 차근차근 작성하세요.

파일 이름 ▶ **11.뇌구조워드클라우드/프로젝트.py**

```
from wordcloud import WordCloud
from matplotlib import pyplot as plt
import numpy as np          ❶ numpy를 np로 불러오기
from PIL import Image       ❷ PIL(=pillow) 필요 기능 불러오기

words = {
    '가족': 100,
    '친구': 95,
    '집': 88,
    '심심해': 90,
    '졸리다': 85,
    '파이썬': 80,
    '용돈': 70,
    '게임': 61,
    '코딩': 59,
    '웹툰': 55,
    '자유시간': 57,
```

```
    '학교': 54,
    '개그욕심': 68,
    '꿈': 60,
    '돈': 59,
    '여행': 21,
    '먹고싶다': 19,
    '카카오톡': 48,
    '인스타그램': 41,
    '공부': 40,
    '스마트폰': 39,
    '디즈니': 35,
    '지브리': 35,
    '핫초코': 30,
    '과자': 28,
    '졸림': 25,
    '스트레스': 23,
    '놀궁리': 17,
    '떡볶이': 15,
    '시험': 50,
    '배고파': 67,
    '디저트': 6,
    '꿀잼': 20
}                                           ❸ 데이터를 채워 보세요!

brainimage = np.array(Image.open('brain.png'))          ❹ 그림 파일을 불러와 숫자 형태로 저장

wordcloud = WordCloud(
    font_path=r"C:\Windows\Fonts\malgun.ttf",
    width=800,
    height=800,
    background_color='white',               ❺ 배경색(기본은 black) 설정
    colormap='rainbow',
    mask=brainimage,                        ❻ 뇌 모양 그림을 마스크로 설정
    contour_width=5,                        ❼ 윤곽선 두께 설정
    contour_color='steelblue',              ❽ 윤곽선 색깔 설정
).generate_from_frequencies(words)

plt.figure(figsize=(10, 10))
plt.imshow(wordcloud, interpolation="bilinear")
plt.axis("off")
plt.show()
```

▼ 프로젝트 코드를 실행할 때마다 워드 클라우드의 모양은 조금씩 달라져요.

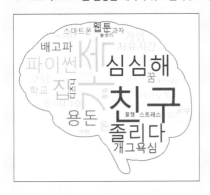

코드설명

❶ numpy 라이브러리는 그림 이미지를 숫자 형태로 바꾸어 나타내어서 파이썬이 쉽게 처리할 수 있도록 도와주는 역할을 합니다.

❷ pillow는 원래 PIL라는 라이브러리를 발전시켜 계승한 라이브러리입니다. 그래서 설치할 때는 pip install pillow를 쓰지만, 임포트(import)할 때는 PIL로 불러옵니다. 해당 라이브러리는 워드 클라우드를 원하는 형태로 그리기 위한 그림을 불러올 때 쓰입니다.

❸ 워드 클라우드에 표시할 데이터를 딕셔너리로 저장합니다. 평소 여러분의 생각으로 단어를 바꾸고, 중요도를 다르게 표시하세요.

❹ 'brain.png' 그림 파일을 불러온 후, 파이썬이 쉽게 처리할 수 있도록 숫자로 이루어진 데이터 형태로 변수 brainimage에 저장하는 코드입니다.

❺ mask는 '가면'이라는 뜻처럼, 워드 클라우드의 모양을 설정합니다. 우리가 ❹에서 미리 처리한 brainimage를 마스크로 쓰기 위해 넣습니다.

❼~❽ contour는 윤곽이라는 뜻입니다. 워드 클라우드의 윤곽선의 두께와 색깔을 설정합니다.

딕셔너리 words의 데이터나 mask로 쓰는 그림 파일을 다양하게 바꾸며 더 멋진 결과를 확인하세요. 이번 프로젝트 목표였던 **뇌 구조 워드 클라우드를 그려 주는 프로그램을 만들어 보자!**는 잘 완성되었습니다. 이번 프로젝트에서는 정말 다양한 라이브러리를 설치해 사용했습니다. 갈수록 성장하는 코딩 실력이 보이지 않나요? 정말 대단합니다!

12
— DAY —

초간단 골든벨
PPT 만들기

PYTHON PROJECT CODING

여러분은 파워포인트(PowerPoint) 프로그램을 보거나, 사용해 본 적이 있나요? 파워포인트는 '발표'를 할 때 사용하기 위해 만들어진 프로그램입니다. 그래서 학교 수업, 인터넷 강의, 제품 설명회, 회사 회의, 광고 등과 같이 청중들에게 내용을 효과적으로 전달해야 할 때 이 프로그램을 자주 사용합니다.

파워포인트로 발표 자료를 만들다 보면, 디자인을 통일하고 내용만 바꾸는 등 같은 작업을 여러 번 반복해야 할 때가 종종 있습니다. 아래 그림처럼 학생들을 위한 골든벨 PPT를 만들었다고 상상해 봅시다.

슬라이드 디자인을 만들었는데, 만약 골든벨 문제를 50개 더 추가하고 싶으면 어떻게 해야 할까요? 혹은 이미 발표 자료를 완성했는데 골든벨 문제와 정답 텍스트를 넣는 위치를 바꿔야 한다거나 모든 슬라이드의 디자인을 고쳐야 한다면요?

아마 먼저 한 장의 슬라이드 디자인을 완성한 후에 슬라이드를 여러 장으로 복제하고, 데이터(골든벨 문제와 정답 텍스트)를 새로 바꾸어 넣는 작업을 반복해서 하려고 할 것입니다. 그 과정에서 실수가 생길 수도 있습니다.

아무래도 반복 작업을 실수 없이 빠르게 해내는 코드를 통해 **파워포인트 자동화 프로그램**을 만들어 사용해야겠습니다. 이번 프로젝트에서는 **python-pptx 라이브러리**를 사용해 **초간단 골든벨 PPT**를 만들어 봅시다.

2 **프로젝트 미리 보기**

▷ **자동화를 통해 초간단 골든벨 PPT를 만들어 보자!**

1
——
준비

- 라이브러리 python-pptx
- 슬라이드에 입력할 데이터(골든벨 퀴즈)가 정리된 딕셔너리

```python
quiz = {
    '구석기 시대에 돌을 깨뜨리거나 떼내어 만든 도구는?': '뗀석기',
    '삼국 중 가장 먼저 한강 유역을 차지한 나라는?': '백제',
    '왕건이 후삼국을 통일하고 세운 나라는?': '고려',
    '조선 세종 시대 노비 출신 과학자로, 자격루를 만든 사람은?': '장영실',
    '조선 후기 백성이 잘 살고 나라가 강해지는 법을 연구한 학문은?': '실학',
}
```

2
——
처리

- 반복문이 한 번 돌 때마다, PPT 슬라이드를 2장씩 만듭니다.
- 슬라이드 1장에는 딕셔너리의 키(key)를, 나머지 1장에는 값(value)을 넣습니다.

3
——
결과

통일된 디자인의 파워포인트 파일이 순식간에 결과물로 출력됩니다.

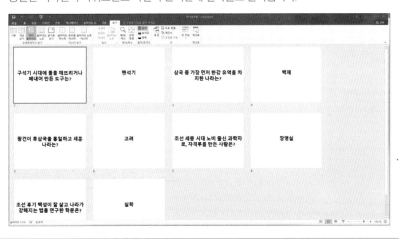

python-pptx 라이브러리

python-pptx는 PowerPoint 파일(.pptx)을 만들고 수정할 때 사용하는 파이썬 라이브러리입니다. 사람이 직접 손으로 만들기에는 반복적이고 지루한 대량의 슬라이드 제작을 자동화하는 데 사용하면 편리합니다. 직접 python-pptx 라이브러리를 사용하며 코딩 지식을 쌓아 봅시다.

먼저 파이참 터미널에서 라이브러리를 설치하는 명령어를 실행합니다.

터미널

```
pip install python-pptx
```

1. 레이아웃 설정하기

파워포인트는 사람들이 평소에 많이 사용하는 11가지 레이아웃(layout, 배치)을 제공하여 슬라이드를 제작할 수 있도록 지원합니다. 레이아웃을 적절히 활용하면 자료를 더욱 편리하게 제작할 수 있습니다.

1 파워포인트 프로그램을 직접 열고 메뉴에서 [홈] - [레이아웃]을 클릭해서 살펴보세요.

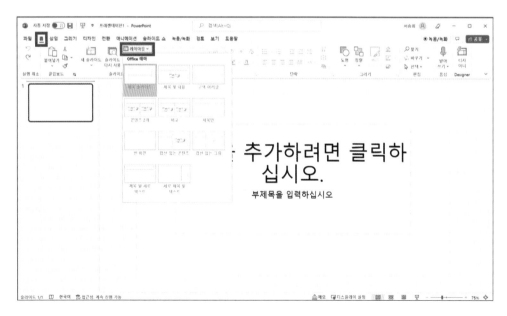

2 이번에는 python-pptx 라이브러리를 이용해 코드로 슬라이드 레이아웃 종류를 확인해 봅시다.

폴더 **12.초간단골든벨PPT** 아래 **개념쌓기.py** 파일을 생성하고 아래 코드를 작성하세요.

파일 이름 ▶ **12.초간단골든벨PPT/개념쌓기.py**

```python
from collections import abc          ❶ python-pptx 사용을 위한 collections 라이브러리 준비
from pptx import Presentation        ❷ python-pptx 불러오기

prs = Presentation()                 ❸ 프레젠테이션 만들기

layouts = prs.slide_layouts          ❹ 모든 레이아웃 가져오기
for i in range(len(layouts)):        ❺ 레이아웃 이름을 순서대로 출력
    print(i, layouts[i].name)
```

실행결과
```
0 Title Slide
1 Title and Content
2 Section Header
3 Two Content
4 Comparison
5 Title Only
6 Blank
7 Content with Caption
8 Picture with Caption
9 Title and Vertical Text
10 Vertical Title and Text
```

코드설명

❶ python-pptx 라이브러리는 내부적으로 collections 라이브러리의 기능을 사용합니다. python-pptx 라이브러리를 사용하기 전에 미리 collections 라이브러리를 불러오면 프로젝트가 매끄럽게 작동합니다.

❷ python-pptx 라이브러리로부터 필요한 기능만 임포트(import)합니다. python-pptx가 아닌 **pptx**로 쓰는 것에 주의하세요.

❹ 프레젠테이션의 모든 슬라이드 레이아웃(**prs.slide_layouts**)을 불러와 변수 layouts에 담습니다.

❺ layouts의 길이만큼 반복문을 돌며 인덱싱한 레이아웃(**layouts[i]**)의 이름을 순서대로 출력합니다.

layouts = prs.slide_layouts 코드를 실행하면 변수 layouts에는 우리가 파워포인트 프로그램에서 확인했던 레이아웃이 순서대로 들어가 있습니다.

i (인덱스)	layouts[i]	의미
0	Title Slide	제목 슬라이드
1	Title and Content	제목 및 내용
2	Section Header	구역 머리글
3	Two Content	콘텐츠 2개
4	Comparison	비교
5	Title Only	제목만
6	Blank	빈 화면
7	Content with Caption	캡션 있는 콘텐츠
8	Picture with Caption	캡션 있는 그림
9	Title and Vertical Text	제목 및 세로 텍스트
10	Vertical Title and Text	세로 제목 및 텍스트

2. 파워포인트 파일 만들기

이번에는 레이아웃을 이용해 직접 파워포인트 파일을 만들고 저장합시다. 라이브러리의 함수를 많이 사용하지만, 찬찬히 살펴보면 어려운 코드는 아닙니다. 설명을 참고해 코드를 작성하세요.

파일 이름 ▶ 12.초간단골든벨PPT/개념쌓기.py

```python
from collections import abc
from pptx import Presentation
from pptx.util import Cm, Pt                                    ❶ 필요한 기능 추가

# 첫 번째 슬라이드(제목 슬라이드)
layout = prs.slide_layouts[0]                                   ❷ 슬라이드 레이아웃 선택
slide1 = prs.slides.add_slide(layout)                           ❸ 선택한 레이아웃으로 슬라이드 추가
shapes = slide1.shapes                                          ❹ 슬라이드의 모든 도형 가져오기
shapes[0].text = "슬라이드1 제목"                                 ❺ 첫 번째 도형(제목)에 텍스트 입력
shapes[1].text = "슬라이드1 부제목"                               ❺ 두 번째 도형(부제목)에 텍스트 입력

# 두 번째 슬라이드(제목 + 내용 슬라이드)
slide2 = prs.slides.add_slide(prs.slide_layouts[1])
slide2.shapes[0].text = "슬라이드2 제목"
slide2.shapes[1].text = "슬라이드2 내용"

# 세 번째 슬라이드(빈 슬라이드 + 이미지 추가)
slide3 = prs.slides.add_slide(prs.slide_layouts[6])
slide3.shapes.add_picture('룡룡.png', left=Cm(9), top=Cm(6))     ❻ 이미지 추가

# 네 번째 슬라이드(빈 슬라이드 + 텍스트 상자 추가)
slide4 = prs.slides.add_slide(prs.slide_layouts[6])             ❼ 텍스트 박스 추가
textbox = slide4.shapes.add_textbox(Cm(2), Cm(2), Cm(15), Cm(0))
textbox.text_frame.word_wrap = True                            ❽ 자동 줄바꿈 설정
paragraph = textbox.text_frame.paragraphs[0]                   ❾ 첫 번째 문단 가져오기
paragraph.font.size = Pt(50)                                   ❿ 문단의 글씨 크기 설정
paragraph.font.bold = True                                     ⓫ 문단의 글씨 진하기 설정
paragraph.text = "크고 굵은 글씨의 문단을 추가해봅시다."            ⓬ 문단의 텍스트 입력

prs.save("연습용.pptx")                                         ⓭ 프레젠테이션 파일 저장하기
```

▼ 작업하던 폴더에 '연습용.pptx' 파일이 생성되었습니다. 파일을 더블클릭해서 여세요. 아래와 같이 4개의 슬라이드가 잘 만들어졌다면 성공입니다!

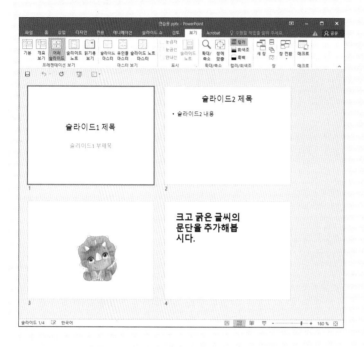

❶ Cm은 센티미터 단위, Pt는 글씨 크기를 설정하는 단위를 의미합니다.

❷ prs.slide_layouts를 0으로 인덱싱하면 제목과 부제목을 적는 Title Slide가 나옵니다.

❹ **슬라이드.shapes** : 슬라이드의 모든 도형(레이아웃에 이미 들어 있는 텍스트 상자 등)을 불러오는 코드입니다. prs.slide_layouts[0]은 Title Slide이기 때문에 shapes에 제목 도형과 부제목 도형이 차례로 들어 있습니다.

❻ **슬라이드.shapes.add_picture('이미지 파일 위치', 왼쪽 여백, 위쪽 여백, 너비, 높이)** : 이미지 파일을 추가하는 코드입니다. 이미지 파일 위치를 넣을 때, 코드를 실행하는 폴더에 이미지 파일이 있다면 파일 이름만 입력해도 됩니다. 너비와 높이를 생략하면 이미지 원본의 크기로 들어갑니다.

❼ **슬라이드.shapes.add_textbox(왼쪽 여백, 위쪽 여백, 너비, 높이)** : 글씨를 입력할 텍스트 박스를 추가합니다.

❾ 텍스트 박스는 기본적으로 1개의 paragraph(문단)을 가지고 있습니다. 첫 번째 문단(**paragraphs[0]**)을 변수에 담습니다.

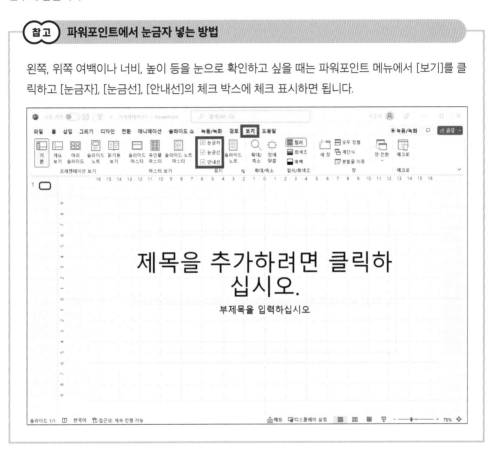

참고 | 파워포인트에서 눈금자 넣는 방법

왼쪽, 위쪽 여백이나 너비, 높이 등을 눈으로 확인하고 싶을 때는 파워포인트 메뉴에서 [보기]를 클릭하고 [눈금자], [눈금선], [안내선]의 체크 박스에 체크 표시하면 됩니다.

4 프로젝트 코딩하기

1 PPT에 들어갈 골든벨 데이터를 딕셔너리 quiz에 저장합니다. 문제는 키(key), 정답을 값(value)으로 저장합니다.
2 프레젠테이션을 만듭니다.
3 반복문이 한 번 돌 때마다 슬라이드 2장을 추가합니다.
4 슬라이드 1장에는 골든벨 문제를, 나머지 1장에는 골든벨 정답을 적절한 자리에 넣습니다.

폴더 **12.초간단골든벨PPT** 아래 **프로젝트.py** 파일을 생성하고 아래 코드를 작성하세요.

파일 이름 ▶ 12.초간단골든벨PPT/프로젝트.py

```python
from collections import abc
from pptx import Presentation
from pptx.util import Pt
from pptx.enum.text import PP_ALIGN          ❶ 텍스트 정렬 기능

prs = Presentation()                         ❷ 프레젠테이션 만들기

full_width = prs.slide_width                  ❸ 슬라이드 전체 너비 저장
full_height = prs.slide_height                ❹ 슬라이드 전체 높이 저장
font_size = Pt(48)                            ❺ 자주 쓰는 글씨 크기 저장

quiz = {
    '구석기 시대에 돌을 깨뜨리거나 떼내어 만든 도구는?': '뗀석기',
    '삼국 중 가장 먼저 한강 유역을 차지한 나라는?': '백제',
    '왕건이 후삼국을 통일하고 세운 나라는?': '고려',
    '조선 세종 시대 노비 출신 과학자로, 자격루를 만든 사람은?': '장영실',
    '조선 후기 백성이 잘 살고 나라가 강해지는 법을 연구한 학문은?': '실학',
}                                             ❻ 퀴즈와 정답을 저장한 딕셔너리


for key, value in quiz.items():               ❼ quiz 아이템 수만큼 코드 블록 반복
    for i in range(2):                        ❽ quiz 아이템 당 슬라이드 2개씩 추가
        slide = prs.slides.add_slide(prs.slide_layouts[6])   ❾ 빈 슬라이드 추가

        textbox = slide.shapes.add_textbox(   ❿ 슬라이드에 텍스트 박스 추가
```

144

```
        left=0,
        top=full_height / 2 - font_size,              ⑪
        width=full_width,                             ⑫
        height=0
    )
    textbox.text_frame.word_wrap = True

    paragraph = textbox.text_frame.paragraphs[0]      ⑬ 텍스트 박스의 문단 설정
    paragraph.font.bold = True
    paragraph.font.size = font_size
    paragraph.alignment = PP_ALIGN.CENTER             ⑭ 가운데 정렬

    if i == 0:                                        ⑮ 문단에 텍스트 추가
        paragraph.text = key
    else:
        paragraph.text = value

prs.save("역사골든벨.pptx")                              ⑯ 역사골든벨.pptx로 저장
```

▼ 작업하던 폴더에 '역사골든벨.pptx' 파일이 생성되었습니다. 파일을 더블클릭해서 엽니다. 아래와 같이 10개의 슬라이드가 잘 만들어져 있다면 성공입니다.

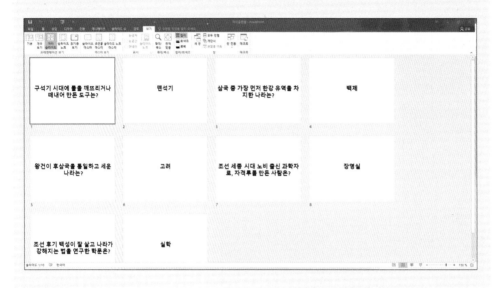

코드설명

❶ PP_ALIGN은 텍스트를 정렬합니다. PP_ALIGN.LEFT는 왼쪽 정렬, PP_ALIGN.CENTER는 가운데 정렬, PP_ALIGN.RIGHT는 오른쪽 정렬입니다.

❸~❺ 여러 번 쓰는 값은 변수에 저장하고 편하게 쓰도록 합니다.

❻ quiz 딕셔너리의 키(key)에는 골든벨 문제가, 값(value)에는 정답이 들어갑니다.

❼ quiz.items()는 키와 값의 쌍(=아이템)을 우리에게 한 번에 넘겨줍니다. 키는 key 변수에, 값은 value 변수에 넣고 반복문의 코드 블록을 실행합니다. 딕셔너리의 items()는 자주 쓰이는 기능입니다. 파이썬 콘솔에서 아래 코드를 직접 실행하세요.

```
>>> a = {1: '하나', 2: '둘'}
>>> print(a.items())
>>> for key, value in a.items():
        print(key, value)
```

실행결과

```
dict_items([(1, '하나'), (2, '둘')])
1 하나
2 둘
```

❽ quiz 아이템 하나마다 반복문이 2번(range(2)) 실행됩니다. 각 반복문에서는 슬라이드가 1장씩 추가되고 있습니다.

⓫ 텍스트 박스의 top 여백은 슬라이드 전체 높이의 반(full_height/2)에서 글씨 크기를 뺀 것만큼 설정합니다.

⓬ 텍스트박스의 너비는 슬라이드 전체 너비와 같도록 설정합니다.

⓯ 몇 번째 반복문이냐에 따라 문단에 들어가는 텍스트가 달라집니다. 위의 ❽번 코드에서 range(2)로 반복문을 돌렸으니, 변수 i에는 0과 1이 차례로 들어가겠죠? 조건 i==0이 **true**일 때 실행되는 if문에서는 첫번째 반복문이라는 뜻으로, 슬라이드의 내용에는 골든벨 문제인 **key**가 들어가야 합니다. 반대로 조건 i==0이 **false**일 때 실행되는 else문에서는 두 번째 반복문이라는 뜻으로, 슬라이드 내용에는 정답인 **value**가 들어가야 합니다.

프로젝트 결과물이 마음에 드나요? 골든벨 문제와 답이 슬라이드마다 같은 위치에 통일된 서식으로 예쁘게 들어갔네요. quiz에 더 많은 문제와 정답을 추가한다면 슬라이드를 몇 장이라도 거뜬히 만들어낼 수 있답니다. 이번 기회에 배운 다양한 내용을 골든벨로 뚝딱 만들어 수업 시간에 활용해 보는 것은 어떤가요?

이번 프로젝트의 목표였던 **자동화를 통해 초간단 골든벨 PPT를 만들어 보자!**는 멋지게 이뤄낸 것 같습니다. 프로젝트 코드를 다양하게 수정하며 내 상황에 맞게 자유자재로 활용해 보세요. 앞으로 절대 슬라이드의 데이터 하나하나 바꾸는 지루한 수작업은 하지 마세요!

13 DAY

우리 반 상장 PPT 만들기

PYTHON PROJECT CODING

여러분은 파워포인트로 멋진 디자인이 들어간 자료(PPT)를 직접 만들어 본 적이 있나요? 그렇다면 통일된 디자인 자료를 만들기 위해서 아래 예시와 같은 무시무시한 반복 작업을 했을지도 모르겠군요. 예를 들어 우리 학교 학생 2000명을 위한 상장용 PPT를 만든다고 상상해 봅시다.

12장 골든벨 프로젝트에서 배운 **python-pptx** 라이브러리를 몰랐다면, 꼼짝없이 같은 디자인의 슬라이드에 학생 데이터만 바꾸어 넣는 반복 작업을 약 2000번 했겠군요. 그럼 이번 PPT 작업도 python-pptx 라이브러리만 쓰면 되는 것 아니냐고요?

하지만 이번 PPT는 12장의 골든벨 프로젝트와는 조금 다릅니다. 2000명이나 되는 학생 데이터를 리스트나 딕셔너리에 일일이 입력하기는 어려워 보입니다. 또 골든벨 프로젝트에서는 문제와 답 이렇게 두 종류의 데이터만 있었던 반면, 이번 프로젝트에서는 상장 이름, 학생 이름, 학년 반, 상장 내용 등 여러 종류의 데이터가 필요합니다.

바로 이럴 때 **엑셀(Excel) 프로그램**을 사용합니다. 엑셀은 데이터를 표 형태로 쉽게 저장하고 관리할 때 사용하기 위해 만들어진 프로그램입니다.

이번 프로젝트에서도 **파워포인트 만드는 작업을 자동화**해 우리 반 상장 PPT를 만들어 봅시다. 달라진 점은 입력 데이터가 대량의 데이터를 다룰 수 있는 '엑셀 파일'이라는 점입니다.

2 프로젝트 미리 보기

▷ **엑셀 파일을 이용해 우리 반 상장 PPT를 만들어 보자!**

- 라이브러리 pandas, python-pptx
- 슬라이드에 입력할 데이터가 정리된 엑셀 파일

1
준비

2
처리

- 반복문이 한 번 돌 때마다, PPT 슬라이드를 1장씩 만들어 디자인합니다.
- 슬라이드에 엑셀 데이터를 인덱스로 구분해 차례차례 넣습니다.

3
결과

통일된 디자인의 파워포인트 파일이 결과물로 출력됩니다.

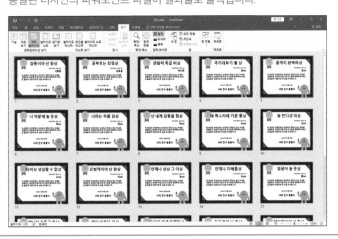

3 프로젝트 개념 쌓기

✏️ pandas 라이브러리

pandas는 표 데이터를 조작할 때 사용하는 파이썬 라이브러리입니다. 앞으로 데이터, 인공지능 프로젝트 등에서 자주 만나게 될 라이브러리입니다. 이번 프로젝트에서는 엑셀 파일에 있는 데이터를 읽어와 조작하기 위해서 pandas가 필요합니다. 직접 pandas 라이브러리를 사용해 코딩 지식을 쌓아 봅시다.

파이참 터미널에서 라이브러리를 설치하는 명령어를 실행합니다. openpyxl은 pandas로 엑셀을 다룰 때 필요한 짝꿍 라이브러리로, 같이 설치하도록 하겠습니다.

터미널

```
pip install openpyxl pandas
```

실행결과

```
Successfully installed et-xmlfile-1.1.0 numpy-1.23.5 openpyxl-3.0.10 pandas-1.5.2
python-dateutil-2.8.2 pytz-2022.6 six-1.16.0
```

엑셀 파일 읽어와 조작하기

엑셀은 많은 양의 데이터를 표 형식으로 처리할 수 있게 도와주는 프로그램입니다. 엑셀 파일에 학생목록 데이터를 저장하고, 그 엑셀 파일을 파이썬으로 불러와서 조작해 봅시다.

1 폴더 13.우리반상장PPT 아래 **학생목록.xlsx** 엑셀 파일을 열어 아래와 같은 학생목록 데이터를 확인하세요.

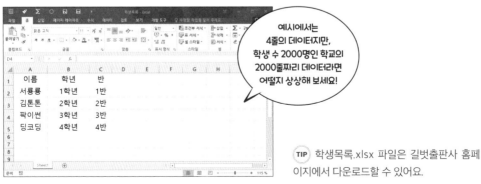

TIP 학생목록.xlsx 파일은 길벗출판사 홈페이지에서 다운로드할 수 있어요.

2 pandas 라이브러리를 이용해 엑셀 파일의 데이터를 읽어와 조작해 봅시다. 폴더 **13.우리반상장 PPT** 아래 **개념쌓기.py** 파일을 생성하고 아래 코드를 작성하세요.

파일 이름 ▶ **13.우리반상장PPT/개념쌓기.py**

```python
import pandas as pd                          ❶ pandas 불러오기
data = pd.read_excel('학생목록.xlsx')          ❷ 엑셀 파일 읽어오기

names = data['이름']                          ❸ '이름' 열의 데이터 가져오기
grades = data['학년']                         ❸ '학년' 열의 데이터 가져오기
classes = data['반']                          ❸ '반' 열의 데이터 가져오기

for i in range(len(data)):                    ❹ data 길이만큼 코드 블록 반복
    print('='*3, i+1, '번째 반복', '='*3)
    print('이름:', names[i])
    print('학년:', grades[i])
    print('반:', classes[i])
```

실행결과

```
=== 1 번째 반복 ===
이름: 서룡룡
학년: 1월 30일
반: 1반
=== 2 번째 반복 ===
이름: 김톤톤
학년: 11월 20일
반: 2반
=== 3 번째 반복 ===
이름: 박이썬
학년: 7월 7일
반: 3반
=== 4 번째 반복 ===
이름: 정코딩
학년: 3월 2일
반: 4반
```

❶ pandas 라이브러리를 pd라는 별명으로 가져옵니다.

❷ **pd.read_excel('엑셀 파일 위치')** : 엑셀 파일을 읽어와 변수 data에 넣습니다. 엑셀 파일 위치를 넣을 때 우리가 코드를 실행하는 폴더에 엑셀 파일이 있다면 파일 이름만 입력해도 됩니다.

❸ **data['세로 열 이름']** : 표에는 '이름', '학년', '반' 세로 열(column)이 있습니다. 각각의 변수에 각 열의 데이터 목록을 가져와 저장합니다.

❹ data의 길이(개수)만큼 반복문을 돌며 각 열의 데이터 목록을 i로 인덱싱합니다.

> **참고** 변수 data, names, grades, classes 출력해 보기
>
> 위의 **개념쌓기.py** 코드에 아래 코드 네 줄을 덧붙인 뒤 실행하세요.
>
> ```
> print(data)
> print(names)
> print(grades)
> print(classes)
> ```
>
> **실행결과**
>
> | print(data) | print(names) |
> |---|---|
> | 　이름　　학년　반
0　서룡룡　1월 30일　1반
1　김톤톤　11월 20일　2반
2　박이썬　7월 7일　3반
3　정코딩　3월 2일　4반 | 0　서룡룡
1　김톤톤
2　박이썬
3　정코딩
Name: 이름, dtype: object |
> | print(grades) | print(classes) |
> | 0　1월 30일
1　11월 20일
2　7월 7일
3　3월 2일
Name: 학년, dtype: object | 0　1반
1　2반
2　3반
3　4반
Name: 반, dtype: object |

1 PPT에 들어갈 데이터를 엑셀에서 가져옵니다.

2 슬라이드에 텍스트를 추가하는 함수를 정의해 사용합니다.

3 프레젠테이션을 만듭니다.

4 반복문이 한 번 돌 때마다, PPT 슬라이드를 1장씩 만들어 디자인합니다.

5 슬라이드에 엑셀 데이터를 인덱스로 구분해 차례차례 적절한 자리에 넣습니다.

폴더 **13.우리반상장PPT** 아래 **프로젝트.py** 파일을 생성하고 아래 코드를 작성하세요. 폴더 **13.우리반 상장PPT** 아래에는 **상장목록.xlsx** 엑셀 파일과 **상장템플릿.png** 파일이 필요합니다.

(TIP) 상장목록.xlsx 파일과 상장템플릿.png 파일은 길벗출판사 홈페이지에서 다운로드할 수 있어요.

파일 이름 ▶ 13.우리반상장PPT/프로젝트.py

```python
import pandas as pd
from collections import abc
from pptx import Presentation
from pptx.util import Cm, Pt
from pptx.enum.text import PP_ALIGN          ─── ❶ 텍스트 정렬 기능
                                              ─── ❷ 슬라이드에 텍스트 추가하는 함수 정의
def add_text(slide, left, top, width, height, font_size, alignment, text):
    textbox = slide.shapes.add_textbox(Cm(left), Cm(top), width, Cm(height))
    textbox.text_frame.word_wrap = True
    paragraph = textbox.text_frame.paragraphs[0]
    paragraph.font.bold = True
    paragraph.font.size = Pt(font_size)
    paragraph.alignment = alignment
    paragraph.text = text

data = pd.read_excel('상장목록.xlsx')          ─── ❸ 엑셀 데이터 가져오기
students = data['학생']
titles = data['제목']
contents = data['내용']

prs = Presentation()                          ─── ❹ 프레젠테이션 만들기
full_width = prs.slide_width                  ─── ❺ 슬라이드 전체 너비 저장
for i in range(len(data)):                    ─── ❻ data의 길이만큼 코드 블록 반복
```

```
slide = prs.slides.add_slide(prs.slide_layouts[6])          ⑦ 빈 슬라이드 추가

slide.shapes.add_picture('상장템플릿.png', Cm(0), Cm(0), full_width, prs.slide_
height)        ⑧ 상장 배경 이미지 추가
                                                            ⑨ 상장 내용 추가
add_text(slide, 1, 2, full_width, 0, 50, PP_ALIGN.CENTER, titles[i])
add_text(slide, 0, 5, full_width-Cm(3), 0, 18, PP_ALIGN.RIGHT, '파이썬학교 3학년 7반')
add_text(slide, 0, 6, full_width-Cm(3), 0, 30, PP_ALIGN.RIGHT, students[i])
add_text(slide, 3, 8, full_width-Cm(6), 0, 23, PP_ALIGN.LEFT, contents[i])
add_text(slide, 0, 13, full_width, 0, 20, PP_ALIGN.CENTER, '2030년 01월 30일')
add_text(slide, 0, 14.8, full_width, 0, 30, PP_ALIGN.CENTER, '너의 친구 롱롱이')

prs.save("상장.pptx")        ⑩ 상장.pptx로 저장
```

실행결과

▼ 우리가 작업하던 폴더에 '상장.pptx' 파일이 생성되었습니다. 파일을 더블클릭해서 열어 보세요. 아래와 같이 여러
개의 상장 슬라이드가 잘 만들어져 있다면 성공입니다.

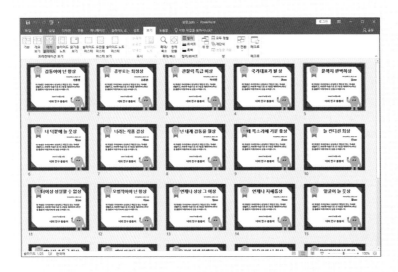

❷ 슬라이드에 텍스트를 추가하고 설정하는 코드는 모든 슬라이드에서 자주 쓰일 것입니다. 자주 쓰이는 코드는 함수로 만들어서 쓰면 유용합니다. 슬라이드에 텍스트 박스를 추가하고 여백, 크기, 글씨 등을 설정하는 함수 add_text를 정의합니다.

❸ 엑셀 파일 '상장목록.xlsx'을 읽어옵니다. 엑셀 파일 안에는 '학생', '제목', '내용' 세로 열(column)이 있습니다. 변수에 각 열의 데이터 목록을 가져와 저장합니다.

❽ 이미지의 너비와 높이를 슬라이드 전체 너비(full_width)와 높이(prs.slide_height)로 설정해 상장 템플릿 이미지의 크기를 슬라이드의 크기와 똑같게 만듭니다.

❾ 위에서 정의한 add_text 함수를 사용해 텍스트를 추가합니다. 상장 내용에서 슬라이드마다 바뀌는 데이터인 제목(titles[i]), 학생(students[i]), 내용(contents[i])을 잘 살펴보세요. 반복문이 실행되며 I의 값이 1씩 커질 때마다 새로운 데이터가 들어갑니다.

이번 기회에 같은 반 친구들에게 멋진 상을 만들어 선물하는 것은 어떤가요? 엑셀 데이터에 학년 반 번호, 날짜 열을 추가한다면 더욱 다양한 데이터를 넣어 상장을 제작할 수 있습니다.

이번 프로젝트의 목표였던 **엑셀 파일을 이용해 우리 반 상장 PPT를 만들어 보자!**는 잘 해낸 것 같습니다. 이번에 만든 엑셀 데이터의 개수가 많은 상황일수록 빛을 발할 것입니다. 프로젝트 코드를 수정하거나, 디자인 파일을 다른 그림으로 바꾸어 보면서 여러분만의 프로젝트로 발전시켜 보세요.

14
—DAY—

나의 날씨 비서 만들기

PYTHON PROJECT CODING

인터넷은 정보의 바다라고 불릴 만큼 수많은 정보를 품고 있습니다. 사람들은 무언가 궁금하거나 관심 있는 정보가 있을 때마다 인터넷 사이트에서 검색하곤 합니다.

▼ 구글

▼ 네이버

여러분은 인터넷에서 주로 어떤 정보를 찾나요? 관심 가는 정보가 있을 때는 검색창에 같은 단어를 반복적으로 입력하지는 않나요? 혹시 매일 아침 오늘 날씨가 어떤지 검색하며 날씨와 어울리는 멋진 옷을 고르기 위해 고민하지는 않나요?

매일매일 같은 단어를 반복적으로 검색하며 정보를 찾는 일은 다소 번거로울 수 있습니다. 나 대신에 특정 단어를 검색해 알맞은 정보를 찾고, 찾은 정보를 잘 정리해 보여주는 비서가 있으면 얼마나 편할까요?

▼ 네이버 날씨 (https://weather.naver.com/)

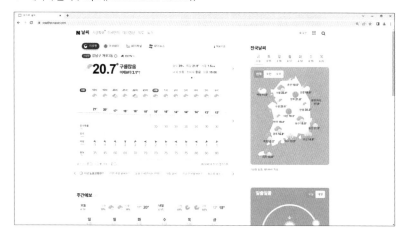

이번 프로젝트에서는 bs4 라이브러리 등을 이용해 인터넷에서 오늘의 날씨 정보를 자동으로 가져와 정리한 후, 나에게 알려주는 나만의 날씨 비서 프로그램을 만들어 봅시다.

나만의 날씨 비서 프로그램을 만들어 보자!

1
준비

- 라이브러리 bs4 requests lxml
- 데이터를 가져오고 싶은 웹 사이트 주소 (https://weather.naver.com/)

2
처리

- 네이버 날씨 사이트에서 데이터를 가져옵니다.
- 데이터로부터 필요한 정보(현재 온도, 강수확률)만을 뽑아냅니다.
- 뽑아낸 정보를 보기 좋게 정리하고, 정보에 따라 출력할 메시지를 정합니다.

```python
from bs4 import BeautifulSoup
import requests

url = "https://weather.naver.com/"
res = requests.get(url)
soup = BeautifulSoup(res.text, "lxml")

current_temp = soup.find("strong", "current").get_text()
rainfall = soup.find_all("span", "rainfall", limit=2)
morning_rain = rainfall[0].get_text()
afternoon_rain = rainfall[1].get_text()
```

3
결과

```
[오늘의 날씨]

현재 온도20.7°

오전 강수확률30%
오후 강수확률30%

오늘 하루도 행복하세요. 화이팅!
```

3 프로젝트 개념 쌓기

개발자 도구와 HTML

1 크롬(Chrome) 웹브라우저를 열고, 주소창에 https://www.gilbut.co.kr/을 입력하거나 검색창에서 **길벗**을 검색해 길벗 홈페이지로 접속하세요.

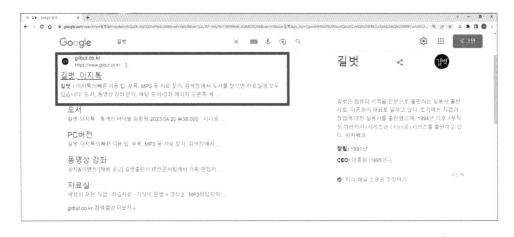

TIP 크롬 브라우저 설치는 14쪽을 참고하세요.

2 길벗출판사 홈페이지가 열리면 키보드 가장 윗줄에 있는 버튼들 중에서 F12 키를 찾아 누릅니다.

3 홈페이지 옆으로 이렇게 생긴 화면이 나타났나요? 웹브라우저에서 F12 키를 누르면 나타나는 것을 **개발자 도구**라고 부르며 개발자를 위한 도구이지요! 자세히 살펴볼까요?

TIP 혹시 아래 화면과 다르게 보인다면, Elements(요소) 탭을 선택했는지 확인하세요..

4 아래 화면에서 **<div id=“gilbut” ... >...</div>**라고 써 있는 부분에 마우스를 대면 길벗 홈페이지 화면 전체가 파란색으로 변합니다. 이는 길벗 홈페이지가 해당 부분으로 이루어져 있다는 뜻입니다. 이렇게 태그<...> </...>로 이루어져 웹 사이트 화면을 구성하고 있는 언어를 **HTML**(HyperText Markup Language)이라고 부릅니다.

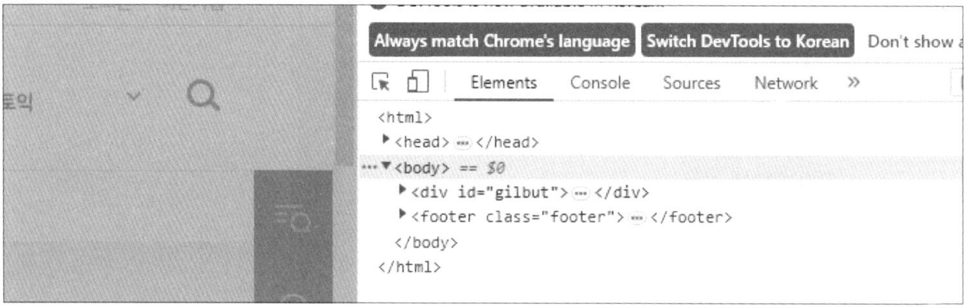

TIP HTML은 웹 사이트의 구조와 내용을 표현하는 기본 언어입니다. 웹 사이트는 모두 HTML로 이루어져 있답니다. HTML은 간단한 규칙만으로 이루어져 있어서, 각 태그가 무엇을 뜻하는지 안다면 쉽게 웹페이지를 만들 수 있답니다. 구글에서 검색하여 HTML에 대해 스스로 더 알아보세요.

5 개발자 도구를 더 적극적으로 활용해 볼까요? 개발자 도구의 Elements 탭에서는 현재 홈페이지를 **HTML**로 보여 줍니다. 개발자 도구에서 왼쪽 위의 마우스 모양 버튼 ⬚을 클릭한 후에, 길벗 홈페이지 여기저기에 마우스를 이동하며 올려보세요. 마우스가 닿는 요소들이 파란색으로 바뀌면서 해당하는 HTML 부분이 개발자 도구에 나타납니다. 제일 위쪽에 있는 웹 사이트 이름인 **길벗·이지톡**에 마우스를 올려 보세요.

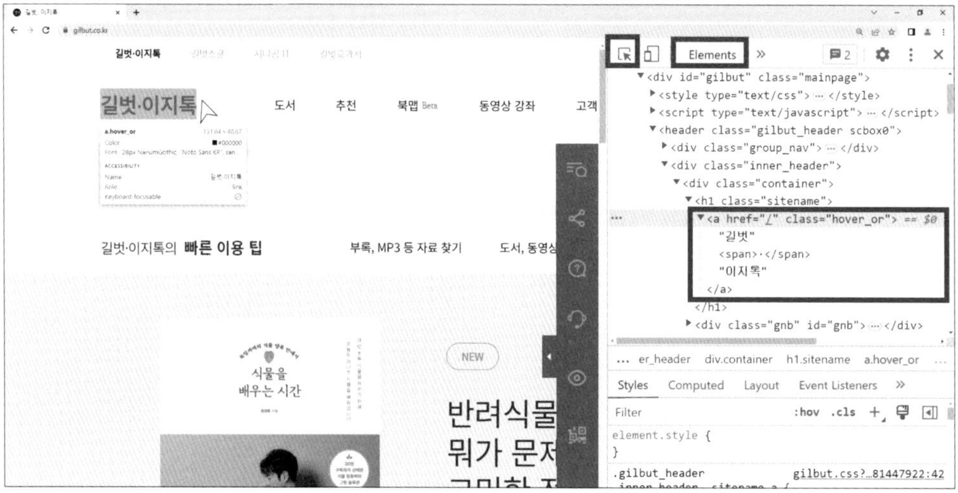

6 개발자 도구를 보면 `<a href="/" class="hover_or">`길벗`<span>`·`</span>`이지톡`</a>` 부분이 파란색으로 강조 표시가 되어있을 것입니다. `<a>` 태그는 해당 부분을 클릭하면 정해진 페이지로 이동하도록 하는 태그입니다. 개발자 도구에서 '길벗' 부분을 더블클릭하고, **파이썬**으로 바꾼 후에 Enter 키를 눌러 보세요. 재미있는 일이 일어납니다.

7 웹 사이트의 이름이 **파이썬·이지톡**으로 바뀌었죠? 이렇게 개발자 도구에서 HTML을 수정하면 웹 사이트를 내 마음대로 바꿀 수 있답니다. 물론 내 컴퓨터에서만 이렇게 보이는 것이고, 새로 고침을 하면 원상태로 돌아간답니다.

8 이번에는 스스로 개발자 도구를 사용해서 길벗 홈페이지의 탭 부분을 HTML에서 찾고, 아래와 같이 바꾸세요. 참고로 <li></li>는 리스트(목록)를 만들어 주는 태그입니다.

4 프로젝트 개념 쌓기

bs4 라이브러리

bs4는 beautifulsoup4의 줄임말로, 인터넷(웹)에서 데이터를 가져온 후 정리해 쓸 수 있도록 도와주는 라이브러리입니다. bs4 라이브러리 또한 파이썬에 기본적으로 설치되어 있지 않아서 따로 설치해야 사용할 수 있습니다. 또한 **requests, lxml**과 같은 라이브러리도 함께 사용해야 하므로 같이 설치하도록 합시다. 파이참 오른쪽 아래에 있는 **터미널**(Terminal)에서 아래 명령어를 입력하세요.

터미널
```
pip install bs4 requests lxml
```

이제 설치한 라이브러리를 이용해 간단한 프로그램을 만들어 봅시다. 길벗출판사 사이트 https://www.gilbut.co.kr로 가서 사이트의 이름과 어떤 탭이 있는지를 코드로 가져와 봅시다.

1 길벗 출판사 홈페이지에서 키보드의 F12 키를 눌러 개발자 도구를 켠 후, 왼쪽 위의 마우스 모양 버튼을 클릭한 다음 제일 위쪽에 있는 웹 사이트 이름 '길벗·이지톡'에 마우스를 올려 보세요.

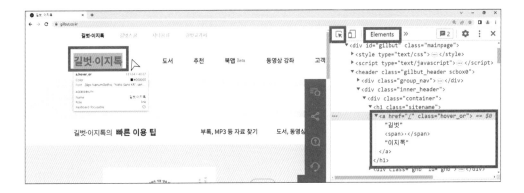

2 h1은 커다란 제목을 만들 때 쓰는 태그입니다. HTML의 모든 태그는 태그 이름을 괄호로 감싸서 <h1>과 같이 표현합니다. 태그는 보통 시작함을 알리는 시작 태그 <태그이름>과 끝났음을 알리는 종료 태그 </태그이름> 한 쌍으로 구성됩니다. 여기서는 <h1>가 시작 태그, </h1>가 종료 태그이며, 사이에 들어가는 내용이 모두 커다란 제목 모양으로 표시가 됩니다.

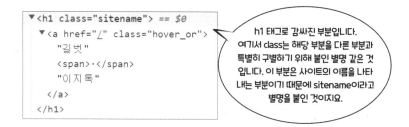

h1 태그로 감싸진 부분입니다. 여기서 class는 해당 부분을 다른 부분과 특별히 구별하기 위해 붙인 별명 같은 것입니다. 이 부분은 사이트의 이름을 나타내는 부분이기 때문에 sitename이라고 별명을 붙인 것이지요.

3 이번에는 메뉴 탭 부분에 마우스를 올려 보세요.

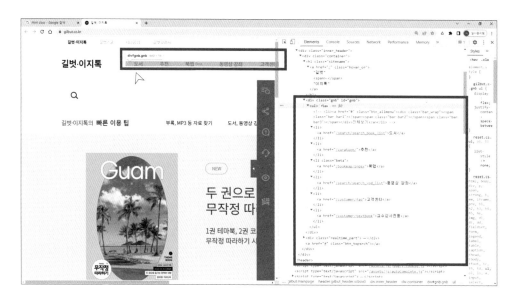

```
▼<div class="gnb" id="gnb"> == $0
  ▼<ul> flex
    <!-- <li><a href="#" class="btn_allmenu"><div class="bar_wrap"><span
    class="bar bar1"></span><span class="bar bar2"></span><span class="bar
    bar3"></span></div>전체보기</a></li> -->
    ▼<li>
        <a href="/search/search_book_list">도서</a>
      </li>
    ▼<li>
        <a href="/curation/">추천</a>
      </li>
    ▼<li class="beta">
        <a href="/bookmap/index">북맵</a>
      </li>
    ▼<li>
        <a href="/search/search_vod_list">동영상 강좌</a>
      </li>
    ▼<li>
        <a href="/customer/faq">고객센터</a>
      </li>
    ▼<li>
        <a href="/customer/textbook">교수강사전용</a>
      </li>
  </ul>
</div>
```

> div 태그로 감싸진 부분입니다.
> div는 구역을 나눌 때 쓰는 태그입니다.
> class를 보니 gnb라는 별명을
> 가지고 있습니다.
> div 태그 안에는 목록을 만들 때 쓰는 <li>
> 태그가 여러 개 들어 있습니다. 길벗 웹사
> 이트의 탭 목록들은 모두 <li> 태그로 이루
> 어져 있음을 알 수 있습니다.

4 방금 길벗출판사 사이트에서 개발자 도구로 본 부분을 파이썬 코드만 사용해 뽑아와 봅시다. 폴더 **14.나의날씨비서** 아래 **개념쌓기.py** 파일을 생성하고 아래 코드를 작성하세요.

파일 이름 ▶ **14.나의날씨비서/개념쌓기.py**

```
from bs4 import BeautifulSoup          ────── ❶ bs4 필요 기능 불러오기
import requests                        ────── ❷ requests 불러오기

gilbut = "https://www.gilbut.co.kr/"   ────── ❸ 길벗 웹 사이트 URL 저장
res = requests.get(gilbut)             ────── ❹ 길벗 웹 사이트로부터 응답 받기
soup = BeautifulSoup(res.text, "lxml") ────── ❺ 받아온 응답 중 HTML 정리

site_name = soup.find("h1", "sitename").get_text()  ────── ❻ h1 태그(별명 sitename)
                                                             로부터 내용 뽑기

tabs = soup.find("div", "gnb").find_all("li")  ────── ❼ div 태그(별명 gnb)로부터
tablist = []                                             모든 li 태그 가져오기
for tab in tabs:
    tablist.append(tab.get_text())     ────── ❽ 각각의 li 태그로부터 내용 뽑기

print(site_name+"의 탭 목록은", tablist, '입니다.')  ────── ❾ 결과 출력
```

실행결과

길벗·이지톡의 탭 목록은 ['도서', '추천', '북맵', '동영상 강좌', '고객센터', '교수강사전용'] 입니다.

TIP 길벗·이지톡 홈페이지 상단의 메뉴가 바뀌면 실행결과가 위의 내용과는 달라질 수 있으니 참고하세요.

❶ bs4 라이브러리로부터 필요한 기능인 BeautifulSoup을 불러옵니다. 대문자에 유의하세요.

❷ request 라이브러리를 가져옵니다. 웹 사이트와 통신(연락)하는 데 필요합니다.

❸ 길벗 웹 사이트 url을 변수 gilbut에 저장합니다.

❹ url로 길벗 웹 사이트에 접근해 응답(현재 상태, HTML 등)을 받아와 변수 res에 저장합니다.

❺ res.text에는 받아온 응답 중에 HTML이 저장되어 있습니다. 받아온 HTML을 lxml이라는 도구를 사용해 보기 좋게 만들어 준 후, 변수 soup에 저장합니다.

❻ h1 태그 중에서 **class**가 **sitename**인 부분을 찾고(**soup.find("h1", "sitename")**), 내용 부분만 가져와(**.get_text()**) 변수 site_name에 담습니다.

❼ div 태그 중에서 **class**가 **gnb**인 부분을 찾고 (**soup.find("h1", "sitename")**), 그 안에 있는 모든 li 태그를 찾아(**.find_all("li")**) 변수 tabs에 담습니다.

❽ 위 ❼에서 찾은 li 태그에서 내용 부분만 가져와(**.get_text()**) 리스트 tablist에 추가합니다.

bs4 라이브러리를 사용하니 HTML에 대한 기본적인 지식만 있어도 웹 사이트로부터 정보를 쉽게 가져올 수 있죠? 홈페이지의 HTML 구조는 언젠가 바뀔 수도 있지만, 개발자 도구를 사용하는 법과 class를 찾는 방법만 안다면 그때그때 잘 적용할 수 있을 것입니다. 이제 나의 날씨 비서 프로젝트를 위한 개념을 모두 쌓았습니다. 이제 프로젝트를 코딩하러 가봅시다.

5 프로젝트 코딩하기

1 필요한 라이브러리(bs4 requests)를 준비합니다.

2 네이버 날씨 사이트와 통신해 응답을 받아옵니다.

3 받아온 응답 중에서 HTML을 보기 좋게 정리합니다.

4 정리한 데이터에서 필요한 정보(현재 온도, 강수확률)만 뽑아냅니다.

5 뽑아낸 정보를 보기 좋게 정리합니다.

네이버 날씨 웹 사이트 https://weather.naver.com/ 에 접속해 키보드의 F12 키를 눌러 개발자 도구를 켠 후, 왼쪽 위의 마우스 모양 버튼 을 클릭하세요. 그런 다음 아래 그림에서 표시된 부분의 HTML 태그들을 확인하세요.

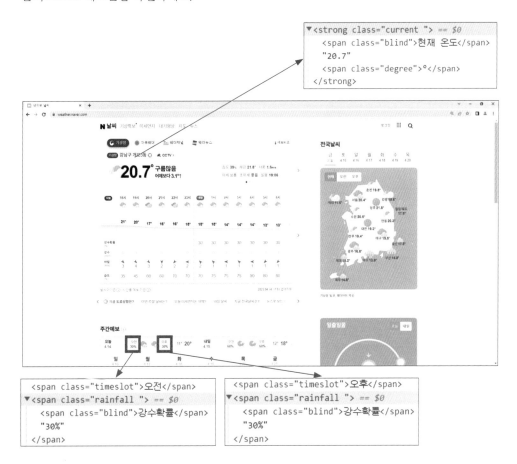

방금 네이버 날씨 사이트에서 개발자 도구로 확인한 현재 온도와 강수 확률을 파이썬 코드를 사용해서 뽑아와 봅시다. 폴더 **14.나의날씨비서** 아래 **프로젝트.py** 파일을 생성하고, 아래 코드를 차근차근 작성하세요.

파일 이름 ▶ 14.나의날씨비서/프로젝트.py

```python
from bs4 import BeautifulSoup          # ❶ bs4 필요 기능 불러오기
import requests                        # ❷ requests 불러오기

url = "https://weather.naver.com/"     # ❸ 네이버 날씨 웹 사이트 url 저장
res = requests.get(url)                # ❹ 네이버 날씨 웹 사이트로부터 응답 받기
soup = BeautifulSoup(res.text, "lxml") # ❺ 받아온 응답 중 HTML 정리

                                       # ❻ strong 태그(별명 current)
                                       #   로부터 내용 뽑기
current_temp = soup.find("strong", "current").get_text()
rainfall = soup.find_all("span", "rainfall", limit=2)   # ❼ 모든 span 태그(별명 rainfall)
                                       #   중에서 앞쪽 2개만 가져오기

morning_rain = rainfall[0].get_text()  # ❽ rainfall 중 첫 번째 것에서 내용 뽑기
afternoon_rain = rainfall[1].get_text() # ❾ rainfall 중 두 번째 것에서 내용 뽑기

result = '[오늘의 날씨]\n' + current_temp + '\n오전 ' + morning_rain + '\n오후 ' +
afternoon_rain + '\n\n오늘 하루도 행복하세요. 화이팅!'   # ❿ 출력할 문장 생성
print(result)                          # ⓫ 결과 출력
```

실행결과

```
[오늘의 날씨]


현재 온도20.7˚


오전 강수확률30%

오후 강수확률30%


오늘 하루도 행복하세요. 화이팅!
```

172

❶ bs4 라이브러리로부터 필요한 기능인 BeautifulSoup을 불러옵니다. 대문자에 유의하세요.

❷ request 라이브러리를 가져옵니다. 웹 사이트와 통신(연락)하는 데 필요합니다.

❸ 네이버 날씨 웹 사이트 주소를 변수 url에 저장합니다.

❹ url로 네이버 날씨 웹 사이트에 접근해 응답(현재 상태, HTML 등)을 받아와 변수 res에 저장합니다.

❺ res.text에는 받아온 응답 중에 HTML이 저장되어 있습니다. 받아온 HTML을 lxml이라는 도구를 사용해 보기 좋게 만든 후, 변수 soup에 저장합니다.

❻ strong 태그 중에서 class가 current인 부분을 찾고(soup.find("strong", "current").), 내용 부분만 가져와(.get_text()) 변수 current_temp에 담습니다. strong는 굵은 글씨로 나타낼 때 쓰는 태그입니다.

❼ class가 rainfall인 모든 span 태그 중에서(soup.find_all("span", "rainfall")) 2개만 가져와(limit=2) 변수 rainfall에 담습니다. 그러면 변수 rainfall에는 span 태그가 총 2개 들어있겠죠? 첫 번째 span 태그는 오전 강수량 정보를, 두 번째 span 태그는 오후 강수량 정보를 가지고 있습니다. span 또한 div와 같이 구역을 나눌 때 쓰는 태그입니다. div는 줄 바꿈을 할 때, span은 줄 바꿈을 하지 않을 때 쓴다는 차이가 있습니다.

❽ rainfall에서 0을 인덱싱한 후 내용만 뽑아 변수 morning_rain에 담습니다.

❾ rainfall에서 1로 인덱싱한 후 내용만 뽑아 변수 afternoon_rain에 담습니다.

❿ 우리가 얻은 정보를 이용해서 출력할 문장을 만듭니다. \n은 줄 바꿈을 할 때 쓰는 기호로, 문자 데이터를 쓸 때처럼 따옴표(' ') 안에서 써야만 작동합니다.

이번 프로젝트에서 우리가 접근한 웹 사이트들은 미래에는 url 주소가 바뀌거나, HTML 구조가 바뀌어 태그나 클래스 이름 등이 변경될 수도 있습니다. 하지만 우리처럼 개발자 도구와 bs4, requests 라이브러리를 사용하는 방법을 안다면 전혀 문제될 것이 없습니다. 정보를 얻고 싶은 웹 사이트에 접속해 개발자 도구를 켜고, 태그와 클래스 이름을 확인하기만 하면 되니까요.

마지막이었던 이번 프로젝트 목표, **나만의 날씨 비서 프로그램을 만들어 보자**!는 잘 이룬 것 같습니다. 무려 웹 사이트와 통신해 응답 받고, 원하는 정보로 가공해 출력하였습니다. 조금 어려운 말로 '웹 스크래핑'을 했다고 표현하지요. 날씨 사이트나 혹은 다른 사이트에서 더 다양한 정보를 뽑아낸 후 gtts 라이브러리와 연동해 마치 AI 스피커처럼 만들어보는 등 코드로 여러 가지 시도를 해 보세요. 이미 여러분의 실력은 충분하고, 코딩 실력은 튼튼한 기본기 위에서 창의적인 시도를 할 때 발전하니까요.